본 책은 탁구를 사랑하는 어린선수들과
탁구 생활체육인들 까지 기본기부터 전문까지
알기 쉽게 전보다 업그레이드 된 모본으로서
혼자서도 충분히 도움이 되는 책입니다.
본책을 정복하면 기본기가 잘되어 있기 때문에
실력이 향상 될거라 생각됩니다.

2011. 4. 유남규

MITEWAKARU! UTUTEJYOUTATU! TAKKYU KIHON TO RENSHU MENU
ⓒ Ikeda Publishing Co., Ltd. 2009
Originally published in Japan in 2009 by Ikeda Publishing Co., Ltd.
Korean translation rights arranged through TOHAN CORPORATION, TOKYO.,
and EntersKorea Co., Ltd., SEOUL.

이 책의 한국어판 저작권은 (주)엔터스코리아를 통하여
일본의 Ikeda Publishing Co., Ltd.와 독점 계약한 싸이프레스가 소유합니다.
신 저작권법에 의하여 한국 내에서 보호를 받는 저작물이므로
무단전재와 무단복재를 금합니다.

TABLE TENNIS MASTER GUIDE

탁구 마스터 가이드

오에 마사토 지음 | **조미량** 옮김 | **유남규** 감수

02
SPORTS MASTER GUIDE

싸이프레스

■ 프롤로그

탁구는 상대팀과 라켓으로 공을 치고받는 경기입니다. 탁구대의 폭은 152.5cm. 조금만 움직이면 거의 모든 공을 받을 수 있을 것 같죠? 탁구를 좁은 영역에서 상대방과 공을 치고받는 단순한 스포츠라고 생각할지 모르지만, 실제로 경기를 해보면 그리 단순하지 않다는 것을 깨닫게 됩니다.

먼저 스윙법을 보면 공을 어떻게 치느냐에 따라 공의 속도, 코스, 회전이 바뀝니다. 이는 무한대로 변할 수 있습니다. 또한 탁구에 필요한 유일한 도구인 라켓의 종류도 매우 다양합니다. 셰이크핸드 라켓이나 펜홀더 라켓과 같이 형태를 구별하는 것뿐만 아니라 라켓 표면의 강도에도 차이가 있으며 심지어 라켓에 붙이는 러버의 종류도 다양합니다.

여기에 플레이 스타일도 무궁무진합니다. 공격을 중시하는 공격형, 수비를 중시하는 수비형 등 시합을 풀어가는 방법이 사람에 따라 다릅니다. 실제로 플레이 스타일에 따라 탁구대에서 3~5m 떨어져서 시합에 임하는 경우도 있습니다. 이처럼 탁구는 변화무쌍한 스포츠입니다. 탁구를 알수록 그 깊이에 놀라고 매력을 느끼게 됩니다.

탁구는 무한히 변할 수 있다고 했지만, '공이 어디서 오든 되받아칠 수 있는 민첩한 풋워크', '시합하는 상대에 따라 공을 되받아칠 코스를 순간적으로 결정하는 판단력', '판단에 따라 공을 칠 수 있는 기술' 등 탁구 실력을 향상시키는 데 필요한 것은 사실 사용하는 라켓의 종류나 전술과는 관계가 없습니다.

그럼 탁구 실력을 어떻게 향상시켜야 할까요? 그 해답은 바로 연습의 질과 양에 있습니다. 포인트를 제대로 파악해 그것을 꾸준히 떠올리면서 많은 공을 친다면 기술을 효율적으로 손에 넣을 수 있습니다.

탁구는 마음과 기술의 균형이 중요한 깊이 있는 스포츠입니다. 이 책에서는 더욱 빠르게 탁구 실력을 향상시킬 수 있도록 여러 가지 면을 종합해 설명했습니다. 초보자부터 프로선수와 탁구 지도자에 이르기까지 한 명이라도 더 많은 탁구인이 활용할 수 있기를 바랍니다.

오에 마사토

■ 감수글

이 책의 감수를 맡으면서 제가 처음으로 탁구를 시작했던 시절이 생각났습니다. 그때가 부산 영선초등학교 4학년 때였으니 벌써 30여 년 전 일입니다. 사실 그 당시만 해도 탁구가 좋아서 시작을 했던 것은 아닙니다. 저는 어릴 때부터 뛰어노는 것을 좋아해서 축구, 태권도, 복싱 등 여러 가지 운동을 즐겨하는 장난꾸러기였습니다. 3학년 때 갑자기 축구부가 없어지고 탁구부가 생겼는데, 그때는 운동을 계속하고 싶은 나머지 탁구부에 들어가려 했습니다. 하지만 선생님께서 보시기에 제가 금방 포기할 것처럼 보였는지 저를 집으로 돌려보내셨습니다. 그래서 결국 1년 뒤에 부모님 도장까지 받으면서 탁구부에 들어가게 됐습니다.

그 당시 탁구부원은 총 30명 정도 됐는데, 제가 유일한 왼손잡이였습니다. 제가 탁구부에 1년 늦게 들어갔지만 워낙 운동을 좋아했던 터라 탁구부 선배들을 모조리 이기곤 했습니다. 하지만 그때까지만 해도 탁구는 저에게 재미있는 놀이에 불과했습니다. 그러다가 5학년 때 부산에서 열린 국가대표 선발전 견학을 가게 됐습니다. 그때가 아마도 저의 인생이 완전히 바뀐 시기가 아니었나 싶습니다. 국가대표 선발전에 참가한 선수들의 가슴에 새겨진 태극마크가 제 가슴을 두근거리게 했고, 그 순간 제 가슴 속에 확실한 목표가 생기게 된 것입니다. 그 날 이후부터 탁구 국가대표 선발을 목표로 노력하기 시작했고, 결국 광성공고 1학년 때 처음으로 태극마크를 달게 되는 영광을 안았습니다.

그때부터 1998년 은퇴하기까지 각종 세계선수권대회 우승과 1986 서울 아시안게임 및 1988 서울 올림픽 금메달 등 무한한 감격의 순간을 누려왔고, 때로는 쓰디 쓴 좌절을 맛보기도 했습니다. 하지만 국가대표로서 가장 소중하게 생각하는 것은 탁구를 통해 국민과 하나가 되어 기쁨과 슬픔을 같이 할 수 있었던 시간들이었던 것 같습니다. 이후 지도자의 길을 걸으면서 탁구에 대해 많은 것을 배워가고 있습니다. 특히 지도자로서 겪게 되는 여러 가지 상황들은 탁구에 대해 더욱 진지하게 생각하게 되는 새로운 경험들이었습니다. 그러면서 탁구에 대한 참 의미를 조금씩 깨달아가고 있습니다.

지금까지 저의 탁구 인생만 말씀드린 것 같아 쑥스럽습니다만 이 책을 감수하면서 저의 과거도 한 번 돌아보게 된 것 같아 개인적으로 감사히 생각하며, 이제 독자분들을 위한 말씀을 드리겠습니다.

탁구라는 운동은 보기에 매우 단순해 보일 수도 있습니다. 장비도 간소해 보이고 장소도 많은 공간을 차지하지 않기 때문입니다. 하지만 탁구도 여느 구기 운동과 마찬가지로 훈련방법과 경기의 흐름을 위한 전략전술이 매우 중요합니다. 따라서 기초를 얼마나 체계적으로 습득하고 평소에 어떻게 훈련하느냐에 따라 결과는 완전히 달라집니다. 따라서 훈련방법을 어떻게 가져갈 것인지, 전략전술은 어떻게 구성할 것인지, 그리고 그것들을 어떻게 소화해낼 것인지 등이 매우 중요한 요소입니다. 가령 상대방의 플레이 스타일에 따라 나의 플레이 스타일의 변화를 어떻게 가져갈 것인지, 경기 중 여러 가지 상황에서의 작전 구사는 어떻게 할 것인지, 단식과 복식경기에서의 플레이는 어떻게 차별시킬 것인지 등은 경기 승패를 결정하는 결정적 요소일 뿐만 아니라 경기의 승패를 떠나 자신이 경기를 얼마나 만족스럽게 진행하느냐에 대해서도 큰 영향을 미치게 됩니다.

이러한 점에서 〈탁구 마스터 가이드〉는 상당히 훌륭한 교본임에 틀림없습니다. 개인 기술을 튼튼히 다질 수 있도록 기초 기술에 대해 상세하게 소개하고 있고, 스윙법도 초급부터 고난도까지 난이도별로 다양하게 소개하여 체계적인 실력 향상을 할 수 있도록 구성되어 있습니다. 또한 시합에서 이길 수 있는 다양한 전략전술을 소개하고 있으며, 포인트 팁과 체크 포인트 등을 통해 놓치기 쉬운 부분들에 대한 세심함이 돋보입니다.

또한 〈탁구 마스터 가이드〉는 상세한 연속 컬러 사진을 통해 동작을 보고 이해하기 쉬우며, 상황을 친절하게 소개하는 일러스트를 통해 탁구의 기초는 물론 다양한 스윙법과 시합에서의 여러 가지 공수 방법들을 연습할 수 있어 매우 좋습니다. 특히 일반 탁구인들이 가장 궁금해하는 질문들을 모아 Q&A로 실은 것도 많은 도움이 될 것입니다.

제가 탁구에 몸담은 이래 특히 기억에 남는 때가 1986년입니다. 당시 아시안게임 이후 우리나라에 불어 닥친 탁구 열풍은 그야말로 엄청났습니다. 학생, 직장인 할 것 없이 모두 탁구에 빠져 있던 때였습니다. 앞으로도 1986년도처럼 탁구가 다시 한 번 큰 인기를 얻고, 여러분들의 큰 사랑으로 한국탁구가 더욱 발전할 수 있기를 기대하는 바이며, 저 역시 영원한 탁구인으로서 최선의 노력을 다할 것입니다.

2011년 4월
유남규

이 책의 사용법

이 책은 도구나 규칙과 같은 탁구의 기초 지식을 시작으로 기본적인 기술과 시합에서 이기기 위한 포인트 등 탁구 실력을 향상시키는 데 꼭 필요한 요소를 사진과 일러스트를 활용해 알기 쉽게 설명했다. 또한 질의응답을 Q&A 형식으로 책 곳곳에 실었다. 초보자는 물론 중상급자도 폭넓게 활용할 수 있을 것이다.

실력향상을 위한 단계

탁구를 잘 치는 방법에는 여러 가지가 있다. 이 책을 바탕으로 한 실력 쌓기의 예를 소개한다.

STEP 1 도구를 이해하고 자신에게 맞는 전술을 선택하라

탁구를 칠 때는 도구, 즉 라켓에 대해 확실히 알아두는 것이 중요하다. 또한 자신의 전술을 결정하고 어느 정도 그 전술에 맞는 기술을 먼저 습득하는 것도 탁구 실력 향상에 도움이 된다. 이 책에서는 도구와 전술에 관한 내용을 탁구의 기초지식으로 챕터 1에 정리했다.

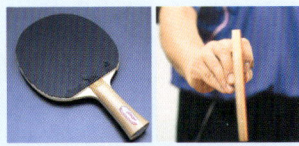

STEP 2 기본 기술을 익혀라

탁구의 기본 기술은 자세 잡기, 풋워크, 기본 포핸드, 푸시 등이 있다. 챕터 2에서는 앞의 기술과 연습법을 설명한다. 초보자는 먼저 이런 기본 기술을 확실히 익히는 것을 목표로 하자.

STEP 3 다양한 스윙법을 익혀라

챕터 3에서는 드라이브, 스매시, 커트, 로브 등을 소개한다. 이는 시합에서 중요하게 사용되는 기술로 그만큼 난이도가 높다. 전술에 따라 필요한 기술부터 연습하자. 또한 초보자는 이와 같은 응용 기술과 함께 챕터 4의 '서비스와 리시브'도 함께 습득하는 것이 좋다.

STEP 4 서비스와 리시브를 익혀라

챕터 4에서는 서비스와 리시브를 배운다. 서비스와 리시브는 챕터 2의 기본 기술을 익힌 다음 챕터 3의 '다양한 스윙법'과 병행해서 습득해야 할 기술이다. 시합에서 가장 중요한 요소 중 하나이며 이것으로 시합의 흐름이 바뀌는 경우도 많다. 이기고 싶다면 질과 양이 충실한 연습이 필요하다.

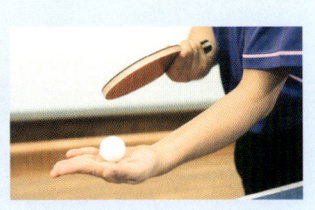

STEP 5 시합에 이기는 비법

서비스와 리시브, 그리고 자신에게 맞는 전술에 필요한 스윙법을 익혀도 시합에서 지는 사람이 의외로 많은데, 이런 사람들은 실전에 필요한 기술을 익혀야 할 뿐 아니라 마음가짐도 바로잡아야 한다. 이 책의 챕터 5에는 이런 요소를 정리해 두었다.

기술을 익히는 방법

무조건 시간을 많이 들여 연습한다고 탁구 실력이 늘지는 않는다. 다음과 같은 방법으로 연습해보자.

이 책은 스윙법의 포인트, 이를 익히기 위한 연습법, 저자가 운영 중인 '오에 탁구 교실'을 찾는 사람들이 보내준 비결을 담은 Q&A로 구성되어 있다. 먼저 사진을 보면서 올바른 자세를 이해하자.
①사진을 보면서 올바른 자세와 포인트를 이해하자!
②연습 메뉴를 따라 하면서 기술을 익히자!
③이해가 가지 않거나 좀 더 자세히 알고 싶은 사항이 있다면 Q&A를 확인하자!

실제로 프로선수와 코치가 플레이하는 모습을 담았다.

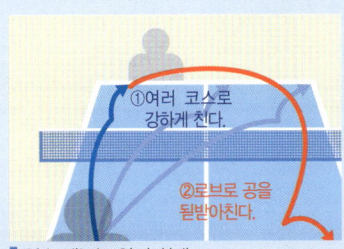

연습 메뉴는 알기 쉽게 그림으로 설명했다.

이 책의 사용법

탁구 실력을 높이려면 각 스윙법을 제대로 익혀야 한다. 이 책에서는 단시간에 효율적으로 실력을 높일 수 있도록 각 스윙법에 대해 '스윙법', '연습메뉴', 'Q&A' 등 3단계로 설명했다.

스윙법

올바른 스윙법을 익히려면 먼저 탁구를 잘 치는 선수의 플레이를 보고 어떤 식으로 치는지 이해하는 것이 좋다. 포인트를 확실히 이해하자.

카테고리
페이지의 카테고리를 나타낸다. 주요 카테고리에는 기초지식, 스윙법, 연습법, 전술, Q&A 등이 있다.

주제
소개하고 있는 스윙법 등 주제를 표기했다.

스윙법의 포인트
스윙의 핵심 포인트를 쉽고 간단하게 소개했다.

스윙법의 순서
각 스윙법을 연속 사진으로 상세하게 나타낸다.

POINT TIP!
저자의 조언이 담긴 미니 칼럼이다.

연습 메뉴 페이지

올바른 스윙법은 연습 없이는 습득할 수 없다. 연습에서 확인할 부분을 참고로 효율적으로 연습하자.

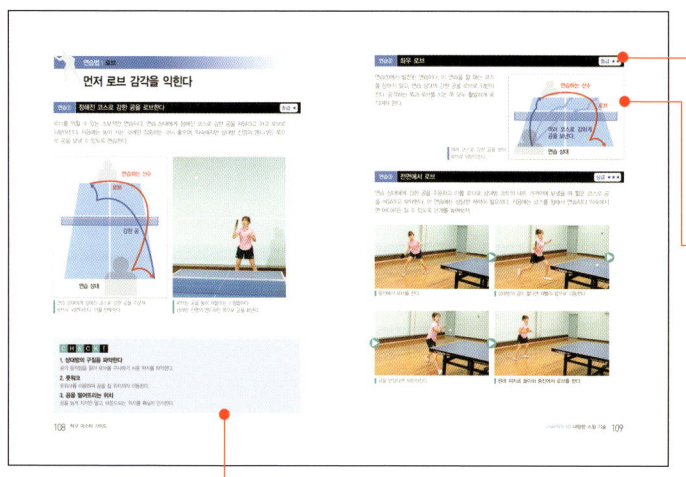

난이도
어떤 레벨의 선수에게 적합한 연습인지 초급, 중급, 상급의 3단계로 표시했다.

연습 메뉴를 설명한 그림
해당 메뉴의 움직임을 설명했다. 연습하는 선수의 공의 궤도는 빨간색, 연습 상대의 궤도는 파란색(또는 검정색)으로 표시했으니 참고하기 바란다.

CHECK!
연습할 때는 여기에 설명된 부분에 주의하자.

Q&A 페이지

초보자가 특히 어려워할 만한 점을 설명했다. 이해가 잘 안 되거나 어려운 부분이 있을 때 확인하자.

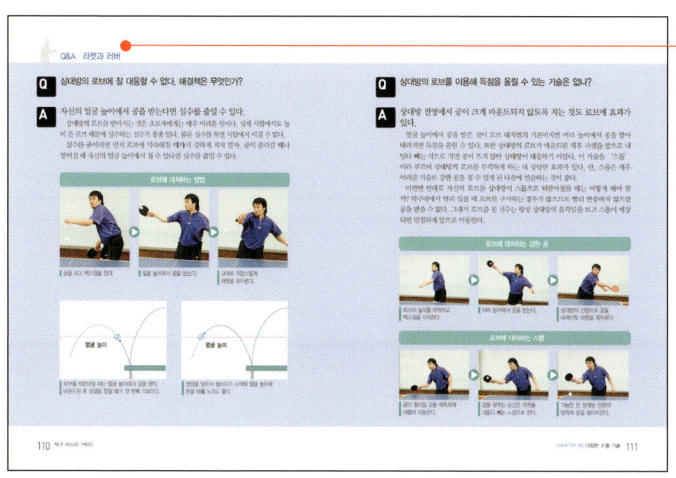

Q&A
저자가 운영 중인 '오에 탁구 교실'의 대표적인 질문과 그에 해당하는 대답을 실었다.

차례 CONTENTS

- 프롤로그 ··· 4
- 감수글 ·· 6
- 이 책의 사용법 ··· 8

CHAPTER 01 탁구의 기초 BASIC KNOWLEDGE

도구와 용어
기초지식 먼저 도구를 이해하자 ·· 20

라켓의 종류와 특징
기초지식 라켓은 크게 셰이크핸드와 펜홀더로 나누어진다 ······ 22

러버의 종류와 특징
기초지식 평면 러버가 가장 많이 쓰인다 ···························· 24
Q&A 라켓과 러버 ··· 26

전술
기초지식 탁구에는 플레이 스타일이 있다 ·························· 28
Q&A 전술 ·· 31

칼럼—라지볼(Large Ball), 일본에서 탄생한 쉬운 탁구 ········· 32

CHAPTER 02 기본 기술 BASIC SKILLS

라켓 잡는 방법
셰이크핸드 잡는 법 그립을 부드럽게 잡는다 ······················ 36
펜홀더 잡는 법 손목과 손가락이 자유롭게 움직이도록 잡는다 ··· 38
Q&A 라켓 잡는 방법 ·· 40

자세
기본자세 양발을 벌리고 허리를 낮춘다 ···································· 42
다음 공을 대비하는 자세 자신에게 넘어온 공을 더욱 편하게 칠 수 있다 ············ 44
Q&A 기본자세 ·· 45

풋워크
좌우 풋워크 먼저 기본 3스텝을 익히자 ·· 48
전후 풋워크 전후 스텝은 좌우 스텝의 응용동작이다 ································ 50
깊이 들어가기와 달려들기 상황에 맞는 풋워크 ···································· 51
연습법 리듬을 타면서 정확히 움직이자 ·· 52

포핸드
기본 포핸드(스윙법) 팔의 힘을 뺀다 ·· 54
기본 포핸드(연습법) 포핸드 스트로크는 탁구의 기본이다 ·························· 58
Q&A 기본 포핸드 ·· 60

백핸드 쇼트 & 백핸드
백핸드 쇼트(스윙법) 공이 바운드된 직후에 받는다 ································ 62
백핸드(스윙법) 팔꿈치를 중심으로 짧게 스윙한다 ································ 64
백핸드 쇼트(연습법) 대각선 랠리를 연습하다 조금씩 단계를 높여가자 ············ 66
백핸드(연습법) 쇼트 스윙법에서 백핸드 공격으로 전환한다 ······················ 68

커트
백핸드 커트(스윙법) 라켓면은 위를 향하고 각도를 조절한다 ······················ 70
포핸드 커트(스윙법) 포인트는 라켓의 각도와 공을 치는 부분이다 ················ 72
연습법 먼저 언더스핀을 걸어 되받아치는 것부터 시작한다 ························ 74
Q&A 커트 ·· 76

CHAPTER 03 다양한 스윙 기술 HIGH LEVEL SWING

🔍 드라이브
포핸드 드라이브(스윙법) 드라이브는 허리로 친다 ·········· 80
백핸드 드라이브(스윙법) 팔꿈치가 향하는 방향으로 손목을 휘두른다 ·········· 82
여러 가지 드라이브(스윙법) 상황에 맞춰 구사한다 ·········· 84
연습법 처음에는 느린 속도로 랠리를 한다 ·········· 86

🔍 스매시
포핸드 스매시(스윙법) 파고들어 라켓을 강하게 휘두른다 ·········· 88
백핸드 스매시(스윙법) 팔꿈치를 기점으로 손목을 재빨리 꺾는다 ·········· 90
연습법 스매시하기 좋은 공은 놓치지 말자 ·········· 92
Q&A 스매시 ·········· 93

🔍 커트 타법
커트-드라이브(스윙법) 몸 전체로 발돋움하듯이 스윙한다 ·········· 94
커트-플랫 스윙(스윙법) 공이 바운드된 후 정점에 다다랐을 때 친다 ·········· 96
연습법 커트맨이 없다면 3구째 공을 커트하는 연습을 한다 ·········· 98

🔍 블록
백핸드 블록(스윙법) 몸의 중심에서 공을 받아 철벽 수비를 한다 ·········· 100
포핸드 블록(스윙법) 맞추는 것만으로도 강력한 무기가 된다 ·········· 102
연습법 처음에는 롱 서비스의 불록부터 한다 ·········· 104

🔍 로브
스윙법 강한 회전으로 높이 쳐올려 공을 되돌린다 ·········· 106
연습법 먼저 로브 감각을 익힌다 ·········· 108
Q&A 로브 ·········· 110

🔍 커트
포핸드 커트(스윙법) 공의 아랫부분을 감싸듯 친다 ·········· 112
백핸드 커트(스윙법) 라켓을 어깨에서 밑으로 휘두른다 ·········· 114
연습법 목표는 어떤 공이라도 받아치는 것이다 ·········· 116
Q&A 커트 ·········· 118

변칙 쇼트

푸시 쇼트(스윙법) 팔꿈치를 펴고 공을 튕긴다 …………………………………… 120
사이트스핀 쇼트(스윙법) 바운드된 후의 변화를 노린다 ……………………… 121
너클 쇼트(스윙법) 라켓을 위로 향하게 하여 맞힌다 …………………………… 122
무회전 롱핌플 쇼트(스윙법) 롱핌플 러버로 예측할 수 없는 회전을 건다 ……… 123
연습법 익숙해지면 실전에 가까운 연습을 하자 ………………………………… 124

이면타법

이면타법(스윙법) 팔꿈치를 기점으로 호를 그리듯 라켓을 휘두른다 ………… 126
연습법 셰이크핸드 그립의 백핸드와 같은 요령으로 연습한다 ………………… 128
Q&A 이면타법 …………………………………………………………………… 130

칼럼–새로운 장비의 개발이 새로운 플레이 스타일을 탄생시킨다 ……………… 132

CHAPTER 04 서비스와 리시브 SERVICE & RECEIVE

서비스

스윙법 서비스의 종류①–언더스핀, 사이드스핀, 롱 서비스 …………………… 136
스윙법 서비스의 종류②–무회전, YG, 웅크리고 앉기 ………………………… 138
전술 서비스의 3요소 ……………………………………………………………… 140
규칙 서비스 규칙 ………………………………………………………………… 142
연습법 공이 처음 바운드되는 곳에도 주의하자 ………………………………… 144
Q&A 서비스 ……………………………………………………………………… 146

리시브

스윙법 리시브의 종류–커트, 플릭, 스톱 ………………………………………… 148
전술 리시브①–언더스핀과 사이드스핀에 대응하는 경우 ……………………… 150
전술 리시브②–롱 서비스나 무회전 서비스에 대응하는 경우 ………………… 152
연습법 연습 상대에게 서비스를 부탁한다 ……………………………………… 154

칼럼–시합에서 이기려면 연습 때도 리듬감을 살린다 …………………………… 156

CHAPTER 05 전략과 연습법 STRATEGY & DRILLS

🔍 실전에 강해지는 비법
전략 긴장을 풀고 기술과 기술을 연결하는 스윙법이 중요하다 ········· 160

🔍 3구째 공격
전략 이기려면 3구째 공격을 구사한다 ········· 162

🔍 경기감각 향상
연습법 전체적인 실력을 향상시키는 복식 연습 ········· 166

🔍 랠리 실력 향상
연습법 중진이나 후진에서 랠리를 할 수 있다면 더 이상 초보가 아니다 ········· 168

🔍 풋워크 강화
연습법 모든 공을 포핸드로 칠 수 있는 풋워크를 익힌다 ········· 170

🔍 포핸드와 백핸드 전환
연습법 포핸드와 백핸드 전환은 매우 중요한 기술이다 ········· 172

🔍 포핸드 공격 강화
연습법 풋워크로 포핸드를 강화한다 ········· 174

🔍 백핸드 수비 강화
연습법 모든 공에 대처하는 것을 목표로 한다 ········· 176

🔍 드라이브를 친 다음 공격하기
연습법 풋워크를 살려 시합 김직을 익힌다 ········· 178

🔍 시합에 이기기 위한 비법
전략 기술+α(알파)로 승리를 거머쥔다 ········· 180

칼럼-하체를 중시하면서 균형 잡힌 근력을 기른다 ········· 186

CHAPTER 06 주요 규칙 RULES

🔍 주요 규칙

기초지식 경기용 복장 …………………………………………………………… 190
기초지식 라켓 ……………………………………………………………………… 190
기초지식 시합 진행법(단식) ……………………………………………………… 191
기초지식 시합 진행법(복식) ……………………………………………………… 192
기초지식 휴식과 타임아웃 ………………………………………………………… 193
기초지식 경기 중단 ………………………………………………………………… 193
기초지식 서비스, 리시브, 코트의 순서 실수 …………………………………… 194
기초지식 도구 ……………………………………………………………………… 194
기초지식 조언 ……………………………………………………………………… 194
기초지식 촉진 규정 ………………………………………………………………… 194
기초지식 나쁜 매너 ………………………………………………………………… 195
기초지식 시합이 속행되는 경우 ………………………………………………… 196
기초지식 상대방의 득점이 인정되는 경우 ……………………………………… 197

탁구 용어 ……………………………………………………………………………… 198

17

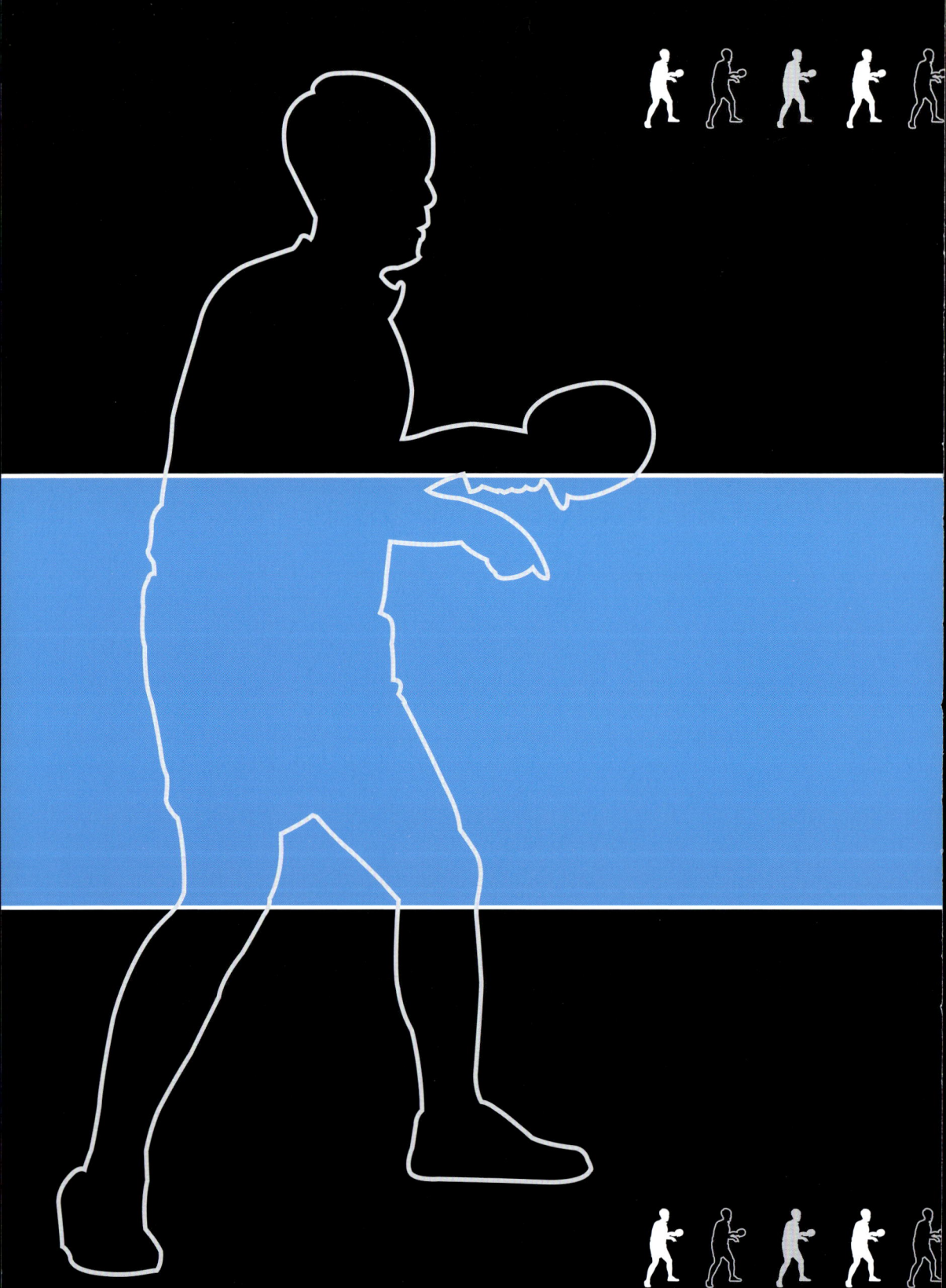

CHAPTER 01

탁구의 기초
BASIC KNOWLEDGE

본격적으로 탁구를 시작하기에 앞서 도구와 용어를 이해하는 것이 중요하다. 그리고 자신에게 맞는 전술을 선택한 다음 연습을 하는 것이 실력을 빨리 향상시키는 지름길이다.

기초지식 | 도구와 용어
먼저 도구를 이해하자

탁구는 매우 단순한 스포츠다. 필요한 도구는 탁구대(테이블), 공, 라켓뿐이다. 이제 탁구대, 공, 그리고 플레이에 관한 용어를 알아보자.

탁구대

탁구대의 윗면을 탁구 코트라고 하는데, 정확한 명칭은 플레잉 서페이스(Playing Surface)라고 부른다. 탁구대의 소재는 무엇이든 상관없지만 반드시 30cm 높이에서 공을 떨어뜨렸을 때 약 23cm 정도 다시 튀어 올라오는 소재여야 한다. 또한 무광택으로 짙은 색이 균일하게 도포되어 있어야 한다. 플레잉 서페이스에는 폭 2cm의 사이드라인과 엔드라인, 그리고 폭 3m의 센터라인이 흰색으로 그려져 있다.

네트, 지주대, 지주봉을 네트 어셈블리(Net Assembly)라고 하며, 이를 탁구대에 고정하는 도구인 죔쇠도 네트 어셈블리에 포함된다.

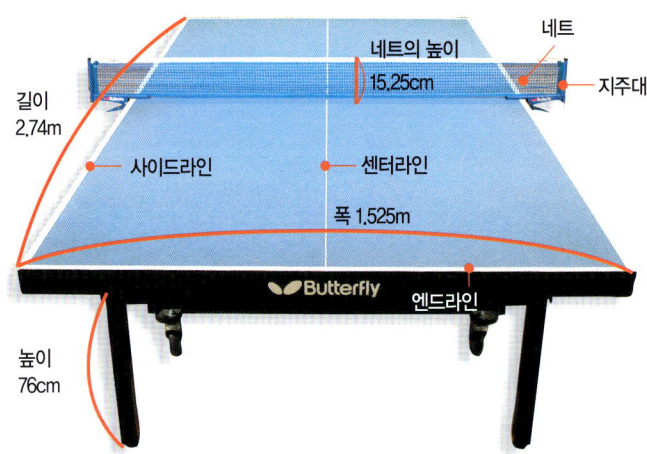

경기 영역

경기를 펼치는 영역은 길이 14m, 폭 7m(높이 5m) 이상의 장방형으로 규정되어 있다. 그리고 각 코너를 길이 1.5m 이상의 펜스로 둘러싸는 것이 허용된다.

공

공의 둘레와 무게는 각각 40mm와 2.7g이다. 재질은 셀룰로이드 또는 셀룰로이드와 비슷한 플라스틱으로 흰색 또는 오렌지색이어야 하며 무광택이어야 한다.

경기 영역의 명칭

센터라인을 중심으로 오른쪽은 포어사이드(Foreside, 포어라고도 부름), 왼쪽은 백사이드(Backside, 백이라고도 부름)라고 하며, 센터라인 주변은 미들(Middle)이라고 한다.

탁구대까지의 거리

탁구대에서 가까운 곳부터 전진(탁구대에서 약 1m 이내), 중진(탁구대에서 약 1~2m), 후진(탁구대에서 약 2m 이상)이라고 한다.

스윙의 종류

잘 쓰는 손 쪽으로 날아오는 공(왼손잡이는 왼쪽, 오른손잡이는 오른쪽)을 치는 것을 포핸드 스윙(Forehand Swing) 또는 포핸드 스트로크(Forehand Stroke)라 하고 (간단히 포핸드 또는 포어라고도 함), 잘 쓰지 않는 손 쪽으로 날아오는 공을 치는 것을 백스윙(Backswing) 또는 백 스트로크(Back Stroke)라고 한다(간단히 백핸드 또는 백이라고도 함).

포어스윙   백스윙

코스

자신의 포어사이드에서 대각선으로 치는 코스를 포어크로스(Fore Cross), 백사이드에서 대각선으로 치는 코스를 백크로스(Back Cross), 포어사이드에서 똑바로 치는 코스를 포어스트레이트(Fore Straight), 백사이드에서 똑바로 치는 코스를 백스트레이트(Back Straight)라고 한다.

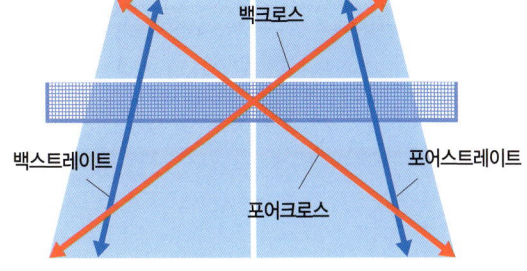

 기초지식 | 라켓의 종류와 특징

라켓은 크게 셰이크핸드와 펜홀더로 나누어진다

탁구 라켓은 대부분 나무 재질이며 '러버(Rubber)'라고 불리는 고무를 표면에 붙여 사용한다. 라켓과 러버는 여러 가지 조합이 가능하며 전술에 따라서 알맞은 러버를 선택하여 사용한다.

셰이크핸드 그립(Shake Hand Grip)

앞면과 뒷면에 러버를 붙이고 그립을 악수하듯 잡는 라켓이다. 현재 가장 많이 사용되고 있으며 프로 선수들도 애용하는 라켓이다. 포핸드나 백핸드를 자유자재로 구사할 수 있으며 그립의 종류에도 여러 가지가 있다.

셰이크핸드의 모양(예: 플레어)

포어(앞)면 / 백(뒤)면 / 옆에서 본 모양

셰이크핸드 그립의 종류

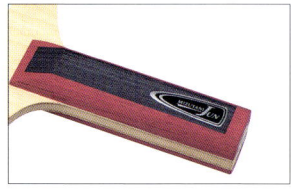

스트레이트(Straight)
위쪽과 아래쪽의 두께가 같고 그립이 곧바로 뻗어 있다.

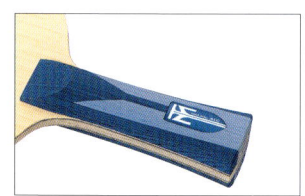

플레어(Falre)
아래쪽으로 갈수록 곡선 모양으로 퍼져 있다.

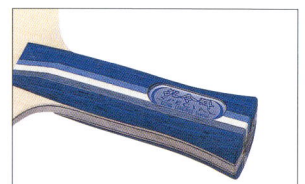

아나토믹(Anatomic)
그립의 중간 부분이 불룩하게 나와 있고 아래쪽이 살짝 퍼져 있다.

펜홀더 그립(Penholder Grip)

엄지손가락과 집게손가락으로 펜을 잡는 것처럼 그립을 잡는 라켓을 말한다. 종류가 다양하며 한쪽 면에만 러버를 붙이고 포핸드든 백핸드든 같은 면으로만 공을 친다. 예전에는 펜홀더가 주류를 이뤘지만, 요즘에는 그 수가 많이 줄었다. 하지만 프로 선수 중에는 아직도 펜홀더 라켓을 사용하는 선수가 많다. 최근에는 뒷면에도 러버를 붙여 '양면 스윙'을 구사하는 선수도 있다.

펜홀더의 모양(예: 각형)

포어(앞)면 / 백(뒤)면 / 옆에서 본 모양

펜홀더 그립의 종류

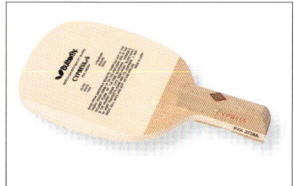  

각형
문자 그대로 사각형이다. 중심이 앞쪽에 있다.

각구형
각형과 구형의 중간 형태이다.

구형
각형보다 둥근 형태에 가까운 모양으로 중심이 그립 쪽에 있다.

POINT TIP!

여러 가지 라켓

앞에서 소개한 것 이외에도 라켓의 종류는 매우 다양하다. 셰이크핸드 라켓에는 코닉(그립의 끝이 직선으로 퍼짐), 펜홀더 라켓에는 중국식(그립에 두껍게 돌출된 부분이 없으며, 셰이크핸드 라켓과 비슷함)과 반전식(표면에도 러버를 붙여 뒤집어도 똑같이 잡을 수 있음) 등이 있다. 따라서 라켓을 선택할 때는 실제로 잡아보는 것이 좋다.

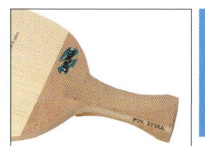

반전식 라켓의 그립 모양. 그립 중앙에 움푹 들어간 곳이 있으며 양면을 사용할 수 있다.

기초지식 | 러버의 종류와 특징

평면 러버가 가장 많이 쓰인다

러버는 공과 접촉하는 면인 고무 시트와 라켓에 붙이는 스펀지 부분으로 나뉘어 있다. 특히 표면의 고무 시트는 공의 회전과 속도에 큰 영향을 미치는 중요한 요소다.

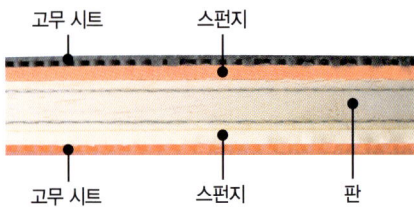

평면 러버(핌플 인 러버, Pimple In Rubber)

고무 돌기가 있는 면을 스펀지에 붙여 사용한다. 따라서 공을 치는 면이 평평하여 공에 회전이 잘 걸리며 속도도 빨라지지만, 상대방이 거는 회전에 영향을 받기 쉽다. 많은 선수가 사용하는 러버다.

평평한 면으로 공을 친다.

돌출 러버(핌플 아웃 러버, Pimple Out Rubber)

평면 러버와는 반대로 스펀지에 평평한 면을 붙여 사용한다. 따라서 공을 치는 면에 돌기가 있다. 평면 러버에 비해 회전이 잘 걸리지는 않지만 빠른 공을 칠 수 있어 속공형 선수가 주로 사용한다. 그리고 돌출 러버에 스펀지가 붙어 있지 않은 정통 러버(오소독스 러버, Orthodox Rubber)도 있다.

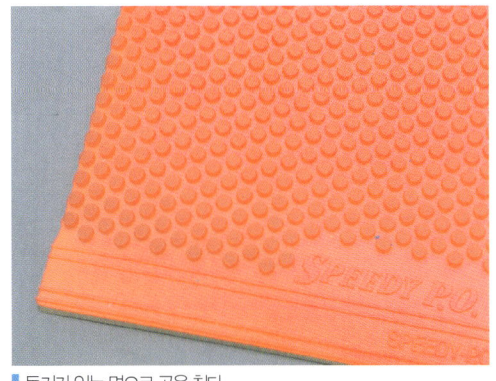

돌기가 있는 면으로 공을 친다.

롱핌플 러버(Long Pimple Rubber)

일반적인 돌출 러버(또는 정통 러버)보다 돌기가 높은 것을 말한다. 러버 표면에서 공이 미끄러져 회전의 영향을 받지 않는다. 속도감은 없지만, 스펀지 종류에 따라 공격이 가능하다. 셰이크핸드, 특히 커트 스윙(30페이지)을 주로 구사하는 선수는 구질에 변화를 주기 위해 다른 러버와 함께 사용하기도 한다.

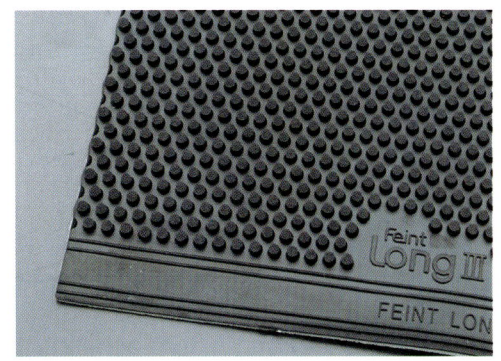

▎돌출 러버보다 돌기가 높다.

하이텐션 러버(High Tension Rubber)

고무 분자 사이에 스프링 작용을 하는 물질을 넣어 일반 고무와 달리 탄력을 유지할 수 있는 러버다. 평면 러버와 모양은 별 차이가 없지만, 훨씬 잘 튀고 회전을 걸기 쉬워 공격형 선수가 주로 사용한다.

안티스핀 러버(Anti Spin Rubber)

하이텐션 러버와 마찬가지로 모양은 평면 러버와 차이가 없지만 이름 그대로 회전을 걸기 어려운 것(상대방의 회전에도 영향을 받지 않음)이 큰 특징이다. 커트 스윙을 잘 구사하는 선수가 주로 사용하며 평면 러버와 같이 회전을 걸기 쉬운 러버와 함께 사용하여 상대방 선수의 실수를 유도하는 전술에 많이 사용된다.

POINT TIP!
러버의 앞과 뒤

러버의 돌기가 있는 면을 앞, 평평한 면을 뒤라고 부르는 이유는 무엇일까? 원래 러버에는 스펀지가 붙어 있지 않아 라켓에 러버를 바로 붙였다. 이때 러버의 평평한 면을 판에 붙이고 돌기가 있는 면으로 공을 치는 것이 일반적이었기 때문에 돌기가 있는 면을 '앞'이라고 부르게 되었다. 현재 가장 많이 사용되는 것은 탄력과 회전량이 좋은 평면 러버지만 이는 스펀지를 붙이는 기술이 발전한 뒤에 정착된 것이다.

▎평면 러버는 돌출 러버보다 나중에 개발되었다.

Q&A | 라켓과 러버

Q 셰이크핸드를 사용하는 사람이 훨씬 많다고 하는데, 펜홀더는 불리한가?

A 펜홀더를 사용한다고 해서 유리하거나 불리한 점은 없지만, 특별한 이유가 없다면 셰이크핸드를 사용하는 것이 좋다.

예전에는 대다수의 선수가 펜홀더 라켓을 사용했지만, 요즘에는 80% 이상이 셰이크핸드를 사용한다. 셰이크핸드는 포핸드와 백핸드의 전환이 쉽다는 등의 이유로 주류가 되었다.

그러나 최근에는 펜홀더의 뒷면에도 러버를 붙여 구사하는 이면타법(126페이지 참고)처럼 펜홀더의 약점으로 여겨졌던 라켓 뒷면을 활용한 기술이 많이 생겼다. 실제로 세계 정상급 선수 중에도 펜홀더 그립을 사용하는 선수가 의외로 많다.

단, 현재 많은 선수가 셰이크핸드 그립을 사용하기 때문에 조언을 얻을 기회도 많다는 점을 생각해보면 특별한 이유가 없는 한 처음에는 셰이크핸드 그립을 선택하는 것이 좋다. 그러나 이미 펜홀더를 사용하고 있다면 일부러 셰이크핸드로 바꿀 필요는 없다.

▌셰이크핸드가 현재의 주류다.

▌펜홀더의 약점을 보완한 이면타법

Q 라켓 판의 종류에도 여러 가지가 있는데 다른 점은 무엇인가?

A 단판 라켓과 합판 라켓이 있으며 특별한 이유가 없다면 합판 라켓을 선택하는 것이 좋다.

라켓은 판에 따라 크게 단판 라켓과 합판 라켓으로 구분한다. 단판 라켓은 합판 라켓에 비해 부드럽고 탄성이 좋다는 장점이 있지만 기술적인 문제 때문에 펜홀더 그립으로만 생산된다.

한편, 합판 라켓에는 5겹과 7겹 라켓 이외에도 탄소 섬유를 끼운 카본 라켓이 있다. 일반적으로 판의 겹이 많아질수록 공이 강하고 무거워지며 잘 튄다. 카본 라켓도 탄성은 좋지만 다른 합판 라켓과는 공이 조금 다르게 튄다. 초보자에게는 비교적 공이 부드럽고 균형 있게 튀는 5겹 합판 라켓이 좋다.

라켓 판의 종류와 특징

종류	탄성	특징
단판 라켓	독특한 탄성	펜홀더 그립에 사용되며, 느낌이 독특하다.
3겹 합판 라켓	공이 잘 튀지 않음	공을 다루기 쉽다.
5겹 합판 라켓	표준적으로 튐	균형이 맞아 초보자에게 좋다.
7겹 합판 라켓	잘 튐	라켓 자체가 무겁고 공에 힘을 싣기 쉽다.
카본 라켓	잘 튐	라켓 자체가 가볍고 공이 강하게 바운드된다.

Q 러버를 선택하는 방법은 무엇인가?

A 특별한 이유가 없는 한 초보자는 평면 러버를 선택하는 것이 좋다.

러버는 라켓보다 종류가 다양하다. 그래서 프로 선수들도 러버를 고르는 데 많은 고민을 한다. 일반적으로 선수들은 평면 러버에서 몇 가지를 고른 후 사용해 보면서 자신에게 맞는 러버를 찾는다. 돌출 러버, 롱핌플 러버, 하이텐션 러버는 연습을 하면서 자신의 특성을 확실히 파악했을 때 선택해도 늦지 않다.

러버의 종류와 특징

	회전	속도	상대방의 회전
평면 러버	걸기 쉽다.	표준	영향을 받기 쉽다.
돌출 러버	표준	빨라지기 쉽다.	영향을 거의 받지 않는다.
롱핌플 러버	걸기 어렵다.	빨라지지 않는다.	영향을 받기 쉽다.
하이텐션 러버	걸기 쉽다.	빨라지기 쉽다.	영향을 거의 받지 않는다.
안티스핀 러버	걸기 어렵다.	빨라지지 않는다.	영향을 거의 받지 않는다.

기초지식 | 전술

탁구에는 플레이 스타일이 있다

탁구에는 먼저 공격적으로 공을 강하게 치거나 조심스럽게 플레이하면서 상대방의 실수를 기다리는 등 여러 가지 플레이 스타일이 있는데 이를 전술이라고 부른다. 여기서는 대표적인 네 가지 전술을 소개한다. 전술에 따라 연습 방법과 필요한 능력이 달라지므로 처음부터 전술을 정하고 연습을 하면 실력이 빨리 향상된다.

1. 드라이브 전술형

현대 탁구의 주류 전술이다. 전진이나 중진에서 평면 러버를 사용하여 공에 강한 톱스핀을 거는 드라이브 스윙(80페이지 참고)을 중심으로 플레이한다. 셰이크핸드의 드라이버 주전술은 유럽, 펜홀더의 드라이브 주전술은 한국, 중국, 일본에서 발달했다. 전신을 사용하여 강한 회전을 걸며 풋워크를 자주 구사해야 하므로 신체능력이 뛰어난 사람에게 맞는 스타일이다.

대표선수: 티모볼(독일), 왕하오(중국), 왕리친(중국), 요시다 가이(일본), 유승민(한국)

플레이 영역과 시합 방법

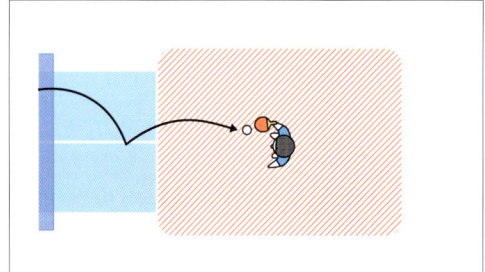

주로 전진과 중진에서 플레이한다.

드라이브를 중심으로 시합을 풀어나간다.

POINT TIP!

주류 플레이 스타일

현대 탁구의 주류 전술 중 올라운드(All-Round)라는 것이 있다. 이는 전진에서 과감하게 속공을 하다가 상대방이 거세게 공격해오면 후진으로 내려가 공격을 막아내는 것으로, 상대방의 전술에 따라 여러 가지 전술을 활용하는 것이다. 상당히 간단해 보이지만, 처음부터 올라운드 플레이어가 되기는 어렵다. 세계 최고의 올라운드 플레이어에게도 잘 쓰는 기술이 있으니 기본적인 기술을 몸에 익힌 다음 여러 가지 기술을 단련하는 것이 실력 향상의 지름길이다.

2. 전진속공형

1970년대 이후 중국 선수들을 중심으로 발전했으며 현재에도 많은 선수가 활용하고 있다. 주로 평면 러버를 사용하며 전진에서 자세를 잡고 상대방의 공을 재빨리 받아쳐 점수를 획득한다. 이때 공에 회전은 되도록 걸지 않는다. 또한 3구째에 공격하는 등 빠른 단계에 공격을 시도해 랠리를 오래 하지 않는 것도 특징이다. 재빨리 공을 받아치는 반사 신경과 순발력, 이에 더해 득점력이 있는 서비스가 필요한 전술이다.

대표선수: 리자웨이(중국), 후쿠하라 아이(일본)

플레이 영역과 시합 방법

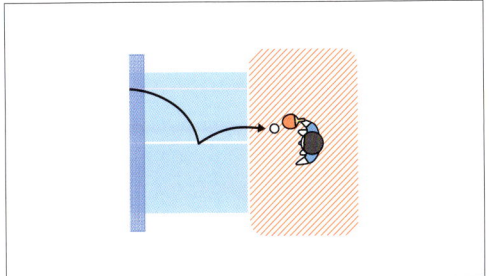
주로 전진에서 플레이한다.

속공으로 득점을 노린다.

3. 전진공수형

전진에서 자세를 잡고 빠른 시점에 공을 받지만 전진속공형처럼 속공에만 치우치지 않고 공수의 균형을 생각하며 플레이하는 스타일이다. 펜홀더, 셰이크핸드 모두 백사이드의 쇼트(62페이지 참고)의 정확성을 높여 빠른 템포로 상대방을 공략해 득점을 노린다.

평면 러버, 돌출 러버 또는 롱핌플 러버 등 다양한 러버를 사용한다. 그리고 앞면과 뒷면에 다른 러버를 사용하는 전진공수형을 '이질전형'이라고 부르는데, 이는 러버에 따른 구질의 차이로 상대방의 실수를 유도하는 스타일이다.

대표선수: 후쿠오카 하루나(일본)

이질전형은 앞면과 뒷면에 다른 러버를 붙인 라켓을 사용한다.

전진공수형은 정확한 백사이드 쇼트 기술을 익혀야 한다.

4. 커트 전술형

중진과 후진에서 커트(112페이지 참고) 기술로 상대방의 공격을 막아내는 스타일이다. 이 전술의 역사는 탁구의 역사만큼 오래되었지만, 공의 크기 변화와 러버 기술의 혁신에 영향을 받아 서서히 사라지고 있다. 실제로 세계 최고 선수 중 커트 전술을 구사하는 선수는 강력한 공격력을 가진 올라운드 플레이어라고 볼 수 있다. 그렇지만 다양한 러버의 특성을 최대한 살릴 수 있는 전술임에는 틀림없다. 상대방의 공격을 확실히 끊을 수 있는 커트 기술을 익히면 실전에서 항상 유리한 고지를 점할 수 있다. 풍부한 운동량과 정신적 강인함이 요구되는 전술이기도 하다.

대표선수: 주세혁(한국), 김경아(한국)

플레이 영역과 시합 방법

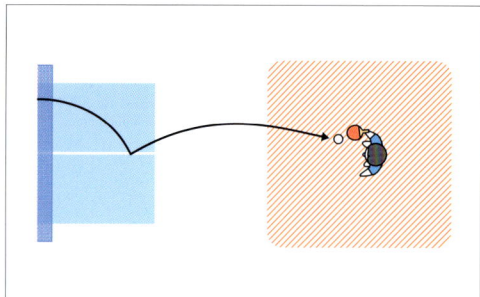

주요 플레이 영역은 중진과 후진이다.

커트를 중심으로 끈질기게 시합에 임하는 전술로 이를 구사하는 선수를 커트맨이라고 한다.

POINT TIP!

커트맨의 도구 고르기

러버의 스펀지도 표면의 고무 시트와 마찬가지로 공에 영향을 미친다. 스펀지는 두께에 따라 다섯 가지로 나뉘는데 기본적으로 두꺼울수록 공의 탄성이 좋아진다. 드라이버 전술을 구사하는 선수는 주로 두꺼운 스펀지를 사용하며 이와 반대로 커트맨은 표준 또는 얇은 스펀지를 주로 사용한다. 만약 커트맨임에도 적극적으로 공격을 펼치고 싶다면 두꺼운 스펀지를 사용해도 좋다. 단, 두꺼운 스펀지로도 커트를 제대로 컨트롤할 수 있어야 한다.

또한 커트맨은 양면 모두 평면 러버를 주로 사용한다. 그 이유는 공을 잘 처리할 수 있기 때문이다(예리한 언더스핀 공을 칠 수 있음). 그러나 회전의 영향을 받기 쉬운 평면 러버로는 상대방의 강력한 드라이브 공격을 컨트롤할 수 없을 때가 많아 돌출 러버를 사용하는 선수도 있다. 돌출 러버를 사용하면 컨트롤을 중시한 커트 기술을 좀 더 자연스럽게 구사할 수 있다. 또한 롱핌플 러버도 강력한 드라이브 공격을 차단하기에 좋아 최근에는 많은 일류 선수들이 롱핌플 러버를 사용한다.

러버의 스펀지 종류와 특징

종류	탄성	무게	라켓의 컨트롤
매우 두꺼움	잘 튐	무거움	무거워서 어려움
두꺼움	↑	↑	↑
보통			
얇음	↓	↓	↓
매우 얇음	잘 튀지 않음	가벼움	가벼워서 쉬움

Q&A | 전술

Q 전술은 빨리 정하는 것이 좋은가?

A 초보자라도 1~2개월 안에 전술을 정해야 효율적으로 연습할 수 있다.

초보자라도 성격, 체격, 동경하는 선수에 따라 먼저 전술을 정해야 연습해야 할 사항이 확실해져 실력이 빨리 향상된다. 그러므로 탁구를 시작한 후 1~2개월 안에 전술을 정하도록 하자. 팀 내 선수가 여러 전술을 구사하는 것이 좋다는 이유로 지도자가 각 선수의 전술을 결정할 때도 있지만, 자신이 결정하는 경우에는 기본 기술을 배우면서 자신의 특징, 특히 라켓을 사용하는 방법, 풋워크, 공에 대한 반응을 고려하여 결정하는 것이 좋다.

전술을 결정하는 기준

전술	포인트
드라이브 전술형	전진이나 중진에서 드라이브 공격을 잘하는 사람이나 양손으로 드라이브를 구사할 수 있는 사람
전진속공형	공수 전환이 빠르고 탁구대 위에서 공을 잘 처리하는 사람
전진공수형	근력과 완력에는 자신이 없지만, 순발력이 뛰어난 사람(특히 요령이 좋은 여성에게 추천)
커트 전술형	구질을 빨리 판단할 수 있고 끈질기게 수비할 수 있는 사람이나 전후좌우를 자유자재로 움직일 수 있는 사람

Q 드라이브 주전술을 구사하는데 공격이 서툴러 커트 전술로 전향하려고 한다. 도중에 전술을 바꿔도 될까?

A 레벨이 올라갔을 때 전술을 바꿔도 문제없다.

앞서 되도록 빠른 시기에 전술을 정하는 것이 좋다고 했지만, 이는 한번 정한 전술을 절대 바꾸지 말라는 뜻은 아니다. 현재의 전술이 자신에게 맞지 않는다면 도중에 전술을 바꿔도 문제는 없다. 공격형 선수가 커트를 익히면 그만큼 시합할 때 구사할 수 있는 기술이 많아진다. 특히 이런 선수는 백핸드 커트를 연습해두면 더욱 도움이 된다.

Table Tennis Column

라지볼(Large Ball), 일본에서 탄생한 쉬운 탁구

라지볼을 들어본 적이 있는가? 라지볼은 일반 탁구공보다 크다(일반 탁구공의 지름은 40mm, 라지볼의 지름은 44mm). 라지볼을 사용하면 공의 속도가 느리고 회전이 잘 걸리지 않아 초보자나 고령자도 바로 랠리를 즐길 수 있다.

1987년 일본탁구협회는 탁구를 널리 보급하기 위해 라지볼을 개발했다. 라지볼 탁구는 일반 탁구공을 사용하는 '경식' 탁구와는 몇 가지 다른 점이 있다. 이를 여기서 소개하고자 한다.

●라켓과 러버
라켓의 모양은 경식 탁구와 같지만 평면 러버만 사용하는 것이 차이점이다. 이는 공의 회전에 영향을 받지 않고 랠리를 오래 즐기자는 취지에서 생겨났다.

●네트
네트의 높이는 경식 탁구가 15.25cm, 라지볼 탁구가 17.25cm로 라지볼 탁구의 네트가 2cm 정도 높다. 최근에는 네트의 높이를 경식용, 라지볼용으로 전환할 수 있는 제품이 판매되고 있다.

●공
공의 크기는 경식 탁구보다 4mm 크지만, 무게는 오히려 0.5g 가볍다. 이 때문에 경식용 공보다 공기의 저항을 많이 받아 공의 속도와 회전이 줄어든다. 공식 색상은 오렌지색이다.

●게임
2득점마다 서비스권을 교대하고 한 게임이 11득점제라는 점은 경식 탁구와 같다. 그러나 점수가 10대 10인 경우 서비스권은 1점딩 교대하고 먼저 2점을 낸 사람이 이긴다. 12대 12인 경우 1점을 먼저 낸 사람, 즉 13대 12가 되면 바로 게임의 승패가 갈린다.

또한 라지볼 탁구는 3게임 중 2게임을 먼저 따내는 쪽이 승리한다. 시합 시간이 짧아 고령자도 쉽게 참가할 수 있다.

그리고 서비스를 할 때 경식 탁구는 16cm 이상 공을 띄워야 하지만 라지볼 탁구에는 그런 규정이 없다. 공이 떨어질 때 쳐야 하는 것은 경식 탁구와 같지만, 높이에 관한 규정은 없다.

CHAPTER 02

기본 기술
BASIC SKILLS

이번 장에서는 탁구의 기본 기술인 자세, 풋워크, 포핸드, 백핸드, 커트를 설명한다. 초보자는 물론 실력이 향상되지 않아 고민하는 중상급자도 이번 장을 통해 자신의 기본 기술을 점검해 보자.

기본 기술 | 셰이크핸드 잡는 법
그립을 부드럽게 잡는다

셰이크핸드의 그립은 악수하듯 잡는다. 이때 힘을 주어 너무 꽉 잡지 않도록 주의하자. 달걀을 잡았을 때 깨지지 않을 정도의 힘을 주어 부드럽게 라켓을 잡아야 여러 가지 기술을 쉽게 구사할 수 있다.

POINT 01
너무 힘을 주지 않는다.

POINT 02
검지를 편다.

POINT 03
악수하듯 라켓을 잡는다.

셰이크핸드 잡는 법

그립 포인트①
너무 힘을 주지 않는다

악수를 하는 것처럼 라켓의 그립 부분을 잡고 중지, 약지, 새끼손가락으로 가볍게 쥔다. 라켓을 쥐는 힘의 강도는 손목을 부드럽게 사용할 수 있을 만큼이 적당하다.

■ 너무 힘을 주지 말고 가볍게 잡는다.

그립 포인트②
검지를 편다

라켓 뒤의 검지를 곧게 편다. 셰이크핸드의 경우, 백핸드를 칠 때도 그립을 잡는 방법은 같다. 단지 쇼트(62페이지 참고)나 블록(100페이지 참고)과 같이 라켓의 각도를 고정해야 하는 기술을 구사할 때는 엄지를 조금 세우는 등 편하게 공을 칠 수 있는 자신만의 방법을 찾는다.

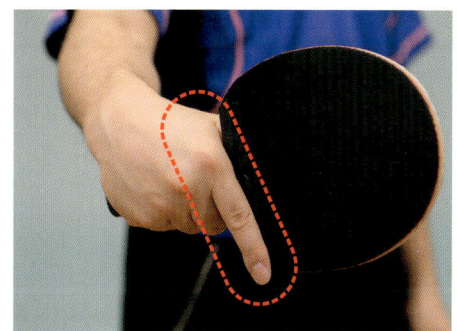

■ 백핸드를 칠 때도 검지를 편다.

POINT TIP!

서비스 할 때 라켓 잡는 방법

셰이크핸드 그립으로 포핸드 서비스를 할 때는 중지, 약지, 새끼손가락으로 라켓을 쥐면 손목의 움직임이 나빠질 수 있다. 따라서 엄지와 검지로 라켓면을 잡고 중지, 약지, 새끼손가락으로 뒷면을 가볍고 둥글게 잡아 손목을 쓰기 편하게 하는 선수도 있다.

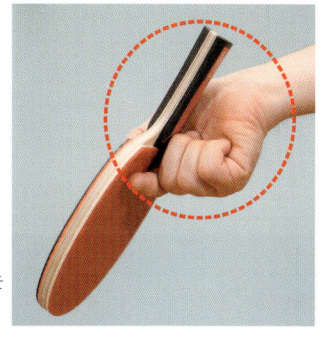

■ 이처럼 서비스를 할 때는 라켓 잡는 방법을 바꾸는 경우도 있다.

기본 기술 | 펜홀더 잡는 법

손목과 손가락이 자유롭게 움직이도록 잡는다

펜홀더 라켓의 그립을 엄지와 검지로 집듯이 잡는다. 주의할 점은 검지를 엄지에 꼭 붙여 잡거나 중지, 약지, 새끼손가락으로 라켓 뒷면을 너무 꽉 잡으면 포핸드나 백핸드로 신속히 전환할 수 없다는 점이다. 따라서 손목과 손가락을 자유롭게 움직일 수 있도록 살짝 잡는 것이 포인트다.

POINT 01
손가락을 걸치듯 잡는다.
엄지는 펴는 것이 좋다.

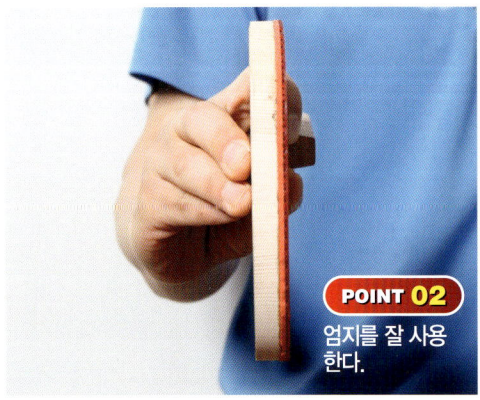

POINT 02
엄지를 잘 사용한다.

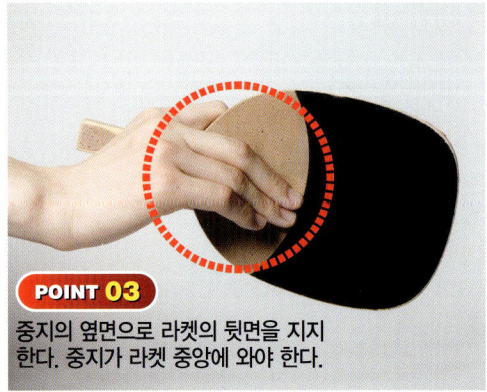

POINT 03
중지의 옆면으로 라켓의 뒷면을 지지한다. 중지가 라켓 중앙에 와야 한다.

펜홀더 잡는 방법

그립 포인트①
손가락을 걸치듯 잡는다

펜홀더를 잡을 때는 그립에 손가락을 걸치듯 잡는다. 뒷면의 중지, 약지, 새끼손가락을 라켓에 밀착시켜서 조금만 가볍게 구부려 비스듬히 잡는다.

▌중지의 옆면으로 라켓을 받친다.

그립 포인트②
엄지손가락을 사용한다

백핸드로 치는 변칙 쇼트(120페이지 참고)는 펜홀더의 특징이라 할 수 있다. 일반적인 백핸드는 기본 포핸드와 같은 방법으로 라켓을 잡지만 백핸드 쇼트를 구사할 때는 엄지를 세워 상대방 쪽으로 라켓면을 향하게 하여 각도를 조절한다. 또한 뒷면의 손가락은 포핸드 때보다 조금 세워야 한다.

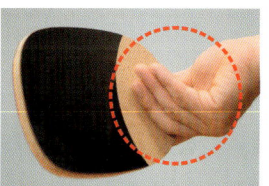

▌백핸드 쇼트를 구사할 때는 뒷면의 손가락도 조금 세우는 것이 좋다.

▌백핸드 쇼트 그립. 엄지를 펴는 것이 좋다.

Q&A | 라켓 잡는 방법

Q 펜홀더 그립을 잡을 때 라켓 뒷면의 중지, 약지, 새끼손가락을 전부 쭉 펴고 누르듯 잡는다. 이렇게 잡으면 포핸드를 치기가 쉬운 것 같은데, 이렇게 잡아도 될까?

A 펜홀더 그립을 잡을 때는 라켓 뒷면의 손가락을 모두 살짝 구부리고 중지의 옆면만 라켓에 붙인다.

라켓 뒤쪽 손가락을 모두 펴서 라켓에 붙이면 손목을 움직이기 어려워 포핸드나 백핸드로 신속하게 전환할 수 없다. 중지를 받치는 느낌이라면 약지를 붙여도 좋지만, 새끼손가락까지 붙이는 것은 좋지 않다.

질문처럼 세 개의 손가락을 모두 라켓에 붙이면 손목이 고정되어 포핸드를 치기 쉽다. 그러나 백핸드 또는 라켓 뒷면으로 공을 쳐야 할 때를 생각하면 손가락을 어느 정도 구부리고 중지의 옆면만 라켓에 붙이는 것이 좋다.

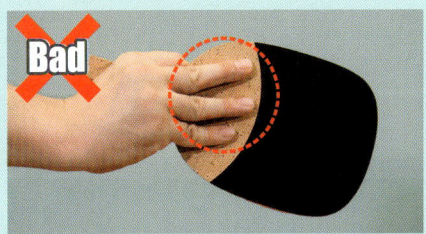

라켓 뒷면의 손가락을 모두 라켓에 붙이면 손목을 움직이기 어렵다.

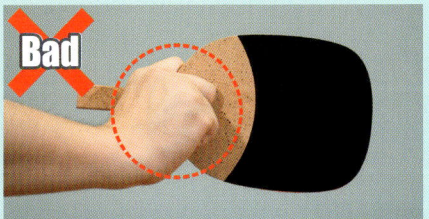

손가락을 꽉 쥐는 것도 되도록 피하자.

Q 펜홀더를 사용하고 있는데, 연습량이 늘어나니 검지와 중지에 상처와 피가 섞인 물집이 생기곤 한다. 다른 방법은 없는지?

A 라켓을 깎거나 잡는 방법을 고쳐본다.

검지가 걸리는 부분과 손잡이 부분을 자신에게 맞도록 깎아서 라켓을 잡기 편하게 만든다. 실제로 많은 선수가 이렇게 하고 있다. 그러나 라켓을 깎아도 상태가 좋아지지 않으면 라켓을 잡을 때 너무 힘을 줘서 그럴 수 있으니 힘을 빼고 잡도록 노력하자. 손에 상처가 생긴다면 잡는 방법을 고쳐보는 것도 한 방법이다.

Q 검지를 세워서 셰이크핸드 그립을 잡을 때 손가락을 세우지 않는 것이 좋은가?

A 검지를 세우는 스타일

셰이크핸드 그립을 잡을 때 라켓과 수직이 되도록 검지를 끼우는 것이 보통이지만 검지를 세워 잡는 선수도 있다. 이는 1960년에서 1970년까지 일본의 에이스로 활약했던 하세가와 노부히코 선수의 스타일로 유명하다.

라켓을 이렇게 잡으면 손목이 고정되어 라켓을 크게 휘둘러야 하는 포핸드에서는 상당한 위력을 발휘하지만, 포핸드나 백핸드로 신속하게 전환하기 어렵고 몸의 중심으로 공이 왔을 때 대응하기 어렵다.

그리 일반적인 스타일은 아니지만 이런 불리한 점을 확실히 파악하고 상대방의 구질에 따라 임기응변으로 라켓 잡는 방법을 조정해가며 시합에 임한다면 도전해도 좋을 스타일이다.

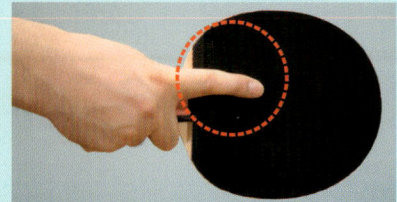
포핸드는 매우 위력적이나 백핸드로 전환하기 어렵다는 단점이 있다.

Q 셰이크핸드 그립을 사용하는데, 포핸드를 칠 때 엄지가 라켓에서 떨어진다. 그래도 괜찮은가?

A 엄지가 떨어져도 검지를 쓸 수 있다면 문제없다.

셰이크핸드의 경우 포핸드로는 검지를, 백핸드로는 엄지를 기점으로 공을 받는다. 따라서 포핸드를 칠 때 엄지가 라켓에서 떨어져도 검지를 쓸 수 있다면 전혀 문제가 되지 않는다.

오히려 라켓을 부드럽게 잡고 포핸드를 치면 엄지가 라켓에서 자연스럽게 떨어져 손목을 유연하게 움직일 수 있다.

포핸드는 자연스럽게 스윙하는 것이 중요하다.

기본 기술 | 기본자세

양발을 벌리고 허리를 낮춘다

탁구의 기본자세는 리시브를 받는 자세이자 블록, 그리고 공격 직전의 자세이기도 하다. 따라서 전후좌우 어디든 가리지 않고 풋워크를 활용해야 한다.

기본자세에서 다양한 방법으로 공을 친 다음 바로 이 자세로 돌아오는 것이 중요하다. 무리하게 기본자세로 돌아가는 것이 아니라 '치고'→'기본자세'→'치기'와 같이 일련의 동작을 원활히 반복할 수 있도록 하는 것이 실력 향상의 첫걸음이다.

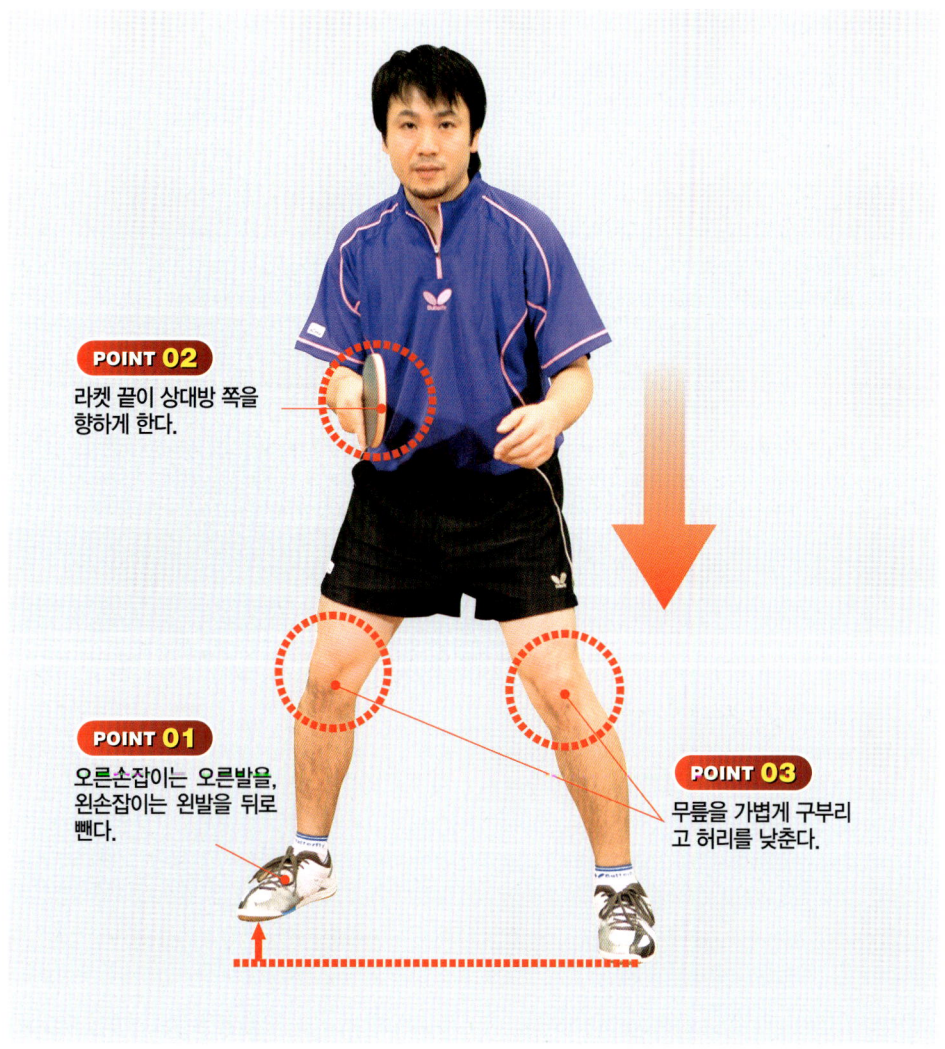

POINT 02
라켓 끝이 상대방 쪽을 향하게 한다.

POINT 01
오른손잡이는 오른발을, 왼손잡이는 왼발을 뒤로 뺀다.

POINT 03
무릎을 가볍게 구부리고 허리를 낮춘다.

기본자세

기본자세 포인트①
오른손잡이는 오른발을, 왼손잡이는 왼발을 뒤로 뺀다

몸을 전후좌우로 자유롭게 움직일 수 있도록 중심을 살짝 앞에 두고 양발을 벌린다. 양발은 어깨너비보다 조금 넓게 벌린다. 그리고 오른손잡이는 오른발을, 왼손잡이는 왼발을 약간 뒤로 빼면 움직이기가 더욱 쉬워진다. 허리를 낮추고 등을 쭉 펴는 것도 중요한 요소다.

양발을 어깨너비보다 조금 넓게 벌린다.

오른손잡이는 오른발을 왼손잡이는 왼발을 약간 뒤로 뺀다.

기본자세 포인트②
라켓 끝이 상대방 쪽을 향하게 한다

기본은 상대방 쪽으로 라켓 끝을 향하게 하는 것으로 포핸드와 백핸드의 전환을 생각해 라켓의 포핸드 측면이 살짝 자신을 향하도록 잡는 것이 가장 좋다. 개인에 따라 움직이기 쉬운 자세가 다르므로 움직이기 쉬운 자세를 찾는 것이 좋다.

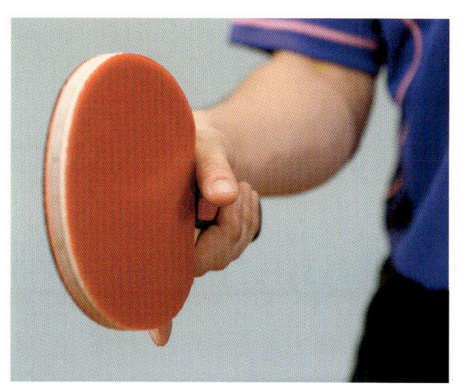

라켓 끝을 상대방 쪽으로 향하게 한다.

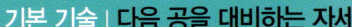

기본 기술 | 다음 공을 대비하는 자세

자신에게 넘어온 공을 더욱 편하게 칠 수 있다

시합을 하다 보면 흐름에 따라 다음 플레이를 예측할 수 있다. 이때 '기본자세'에서 자신이 '예측한 구질에 맞는 자세'로 전환해야 한다. 예를 들어 자신의 백사이드 위치에서 상대방의 백사이드로 포핸드 공격을 했을 때는 다음 공이 대각선으로 오든 직선으로 오든 포핸드로 받아치는 것이 좋다. 이때는 기본자세가 아닌 포핸드의 백스윙에 가까운 자세를 취하는 것이 적절하다. 각 기술의 해설 페이지를 참고하자.

포핸드를 대비한 자세

포핸드에 대비해 미리 몸을 열고 백스윙 자세를 취한다.

백핸드를 대비한 자세

라켓을 몸쪽으로 당기고 백사이드로 칠 자세를 취한다.

Q&A | 기본자세

Q 포핸드나 백핸드로 전환이 잘 안 되는데, 신속하게 전환할 수 있는 비결이 있나?

A 기본자세를 확인하면서 충분히 연습해야 한다.

포핸드나 백핸드로 신속히 전환하려면 평소에 연습하는 것이 가장 빠른 길이다. 기본자세를 제대로 취하지 않아 전환이 잘되지 않는 경우도 있으니 기본자세를 연습할 때 '라켓의 위치'도 확인하자.

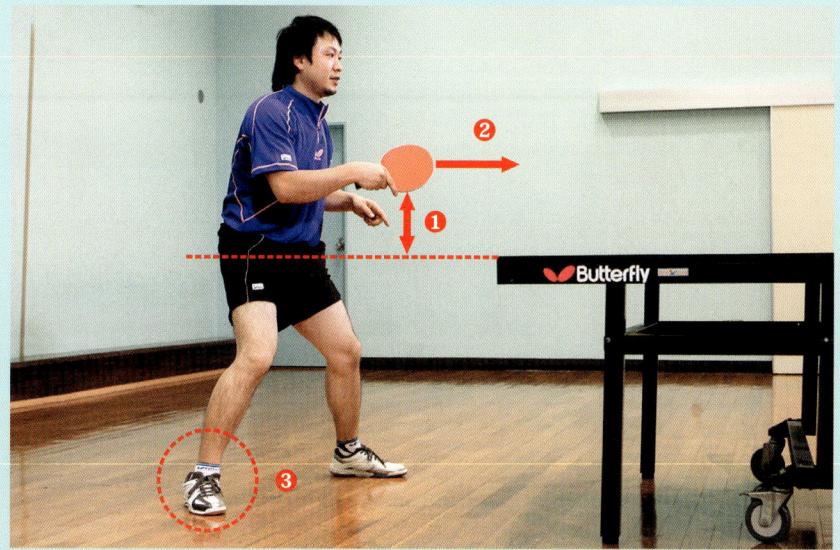

▍평소 연습할 때 라켓의 위치나 방향, 그리고 발의 위치에 신경 쓰자.

CHECK!

1. 라켓의 위치
탁구대보다 위쪽에서 라켓을 잡는다.

2. 라켓의 방향
라켓의 끝이 상대방을 향하게 하면 공을 잘 칠 수 있다.

3. 발의 위치
오른손잡이는 오른발을, 왼손잡이는 왼발을 살짝 뒤로 뺀다. 평행이 되거나 너무 뒤로 빼면 오히려 움직이기 불편해진다.

Q 예상하지 못했던 코스로 공이 오면 기본자세를 유지할 수가 없다. 기본자세는 어떤 상황에서도 꼭 유지해야 하는가?

A 두 발을 어떤 위치에 두든 상관없다.

　기본자세는 가장 움직이기 쉬우며 포핸드나 백핸드로 빠르게 대응할 수 있는 자세다. 그러나 시합을 하다 보면 자신이 생각한 곳으로만 공이 오지는 않기 때문에 당연히 기본자세를 풀고 각 스윙에 맞는 폼으로 공을 쳐야 한다.

　시합을 할 때 발을 자주 움직여 기본자세를 유지하는 것이 가장 이상적이긴 하지만 발을 자유롭게 움직여도 상관은 없다. 단, 항상 양발의 폭이 너무 좁아지지 않도록 주의하자. 양발의 간격이 좁아지면 백스윙을 할 때 자연스럽게 몸을 구부릴 수 없다.

▎기본자세와 다르게 오른발을 앞으로 밀고 포핸드를 친다.

▎상황에 따라 왼발을 앞으로 내밀고 백핸드를 친다.

Q 실전에서 상대방의 공이 어디로 올지 예측할 수 없어 미리 자세를 취할 수가 없다.

A 상대방의 버릇을 알아내는 능력을 길러야 한다.

상대방의 공을 예측하는 요소로 자신이 친 공의 코스, 위력, 상대방의 실력 등을 꼽을 수 있다. 평소에 연습할 때 이를 생각하면서 상대방의 공이 오는 곳을 예측하는 연습을 반복하다 보면 몸이 저절로 반응하게 된다.

또한 '상대방의 버릇'을 알아내는 능력도 중요하다. 사람에게는 반드시 일정하게 공을 받아치는 패턴이 있다. 이것을 상대방보다 빨리 알아내도록 하자.

물론 허를 찔릴 때도 있으니 실제로 공이 날아오는 코스에 따라 자세를 조절할 필요가 있다. 항상 탁구는 상대방이 있는 스포츠라는 것을 명심하자.

상대방의 버릇을 간파하는 능력도 중요하다.

Q 자세를 취할 때 코치로부터 '너무 힘주지 마'라고 자주 지적받는다. 자연스럽게 자세를 취하는 방법이 있나?

A 그저 힘만 빼서는 안 된다. 여러 가지 요소를 고려해야 한다.

먼저 자연스럽게 자세를 취하려면 균형을 잘 잡아야 한다. 예를 들어 중심이 너무 앞으로 쏠리면 다리와 허리가 긴장되기 마련이다. 그런 경우에는 체중을 한 곳에 편중되게 싣지 말고 등을 쭉 펴면 몸에서 힘을 뺄 수 있다.

한편, 연습할 때는 괜찮은데 시합이 시작되면 유독 힘이 들어가는 선수가 있다. '혹 실수를 하면 어쩌지'라는 정신적인 원인 때문에 몸이 굳는 것이다. 주위에서 아무리 '조금 실수해도 괜찮아'라고 말해도 당사자는 부정적인 생각에서 쉽게 벗어나지 못한다. 이런 선수는 리시브 권을 갖고 있을 때 발을 움직이거나 서비스권을 교대할 때 가볍게 스트레칭을 하는 등 습관적으로 몸을 풀자. 움직이면 몸의 긴장이 풀려 심리적으로도 편안해진다.

기본 기술 | 좌우 풋워크

먼저 기본 3스텝을 익히자

풋워크는 기술의 토대가 되는 중요한 요소이다. 올바른 풋워크를 익혔을 때 비로소 다른 기술을 실전에서 활용할 수 있다. 먼저 기본 3스텝부터 익히자. 풋워크에는 다리와 허리의 근력과 유연성이 필요하다. 시합에서 활용할 수 있도록 평소에도 발의 움직임을 의식하자.

백사이드로 이동

▎먼저 왼발을 왼쪽으로 옮긴다.

▎다음으로 오른발을 왼쪽으로 옮긴다.

▎마지막으로 왼발을 앞으로 내밀고 자세를 취한다.

▎자연스러운 자세로 스윙한다.

좌우 풋워크

풋워크 포인트①
두 번째 발을 옮길 때와 거의 동시에 마지막 발을 옮긴다

상황에 따라 다르지만, 기본 3스텝에서는 마지막 움직임과 두 번째 움직임을 거의 동시에 한다(경우에 따라 마지막 발이 두 번째 발보다 먼저 착지할 때도 있음).

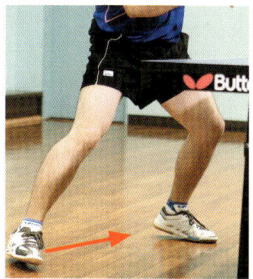

두 번째(백사이드로 이동한다면 오른발)로 오른발을 왼쪽으로 움직인다.

세 번째(백사이드로 이동한다면 왼발)는 두 번째와 거의 동시에 움직인다.

포어사이드로 이동

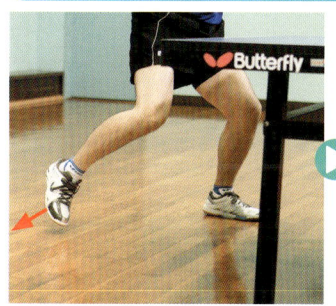

공이 오는 위치에 맞춰 오른발을 오른쪽으로 움직인다.

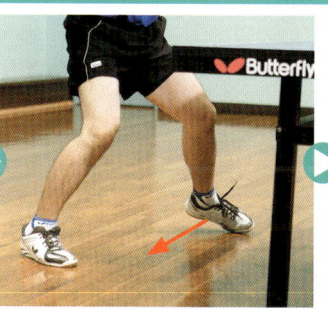

다음으로 왼발을 오른쪽으로 옮긴다.

2번 동작과 동시에 오른발도 오른쪽으로 이동한다.

POINT TIP!

반복해서 옆으로 뛰기

3스텝을 어려워하는 사람도 분명히 있을 것이다. 3스텝의 포인트는 리듬을 타면서 템포에 맞추는 것이다. 따라서 리듬감을 의식하면서 연습하자.

너무 어렵다면 처음에는 체력측정을 위한 '반복해서 옆으로 뛰기'를 떠올리자. 반복해서 옆으로 뛰기를 떠올리면서 3스텝을 연습하면 좋다.

옆으로 3스텝 뛰기 반복을 하면 풋워크에 도움이 된다.

기본 기술 | 전후 풋워크
전후 스텝은 좌우 스텝의 응용동작이다

앞으로 이동

좌우 이동을 응용하여 앞뒤로 이동한다. 앞으로의 움직임은 좌우 풋워크와 비슷한 요령으로 할 수 있다. 익숙해졌다면 실전이다 생각하고 빠른 이동을 연습하자.

■ 공이 오는 위치에 맞춰 왼발을 앞으로 내민다.

■ 계속해서 오른발을 앞으로 이동한다.

■ 마지막으로 왼발을 이동해 공을 칠 준비를 한다.

뒤로 이동

기본 방법은 앞으로 이동할 때와 다르지 않지만, 일상생활에서는 뒤로 이동할 일이 거의 없기에 조금 어색한 느낌이 들지 모른다. 익숙해질 때까지는 확인해가며 연습하자.

■ 오른발을 뒤로 뺀다.

■ 그 다음 왼발을 뒤로 뺀다.

■ 2번 동작과 거의 동시에 오른발을 뒤로 빼고 자세를 취한다.

기본 기술 | 깊이 들어가기와 달려들기
상황에 맞는 풋워크

깊이 들어가기

백사이드로 오는 공을 포핸드로 치려면 백사이드의 깊은 곳까지 이동한다. 이 풋워크도 3스텝과 비슷하지만, 마지막 왼발을 움직일 때 3스텝보다 앞으로 움직이는 것이 특징이다.

왼발을 왼쪽으로 이동해 백사이드로 이동한다.

오른발을 왼쪽으로 움직이고 왼발을 내디딜 준비를 한다.

2번과 거의 동시에 왼발을 왼쪽 앞으로 이동한다. 이때 앞으로 깊이 들어간다.

달려들기

깊이 들어간 다음 포핸드 쪽으로 크게 움직이는 것을 말한다. 기본은 3스텝과 같지만, 마지막 발을 이동할 때 공에 맞춰 보폭을 크게 하는 것이 특징이다. 그리고 두 번째로 움직이는 왼발을 교차해 이동하는 방법도 있다.

오른발을 조금 오른쪽으로 움직인다.

왼발을 오른쪽으로 움직인다.

2번 동작과 거의 동시에 오른발을 움직이고 이를 축으로 공을 친다.

연습법 | 풋워크
리듬을 타면서 정확히 움직이자

연습① 앞으로 이동　　　　　　　　　　　　　　　　　　　　　초급 ★

가장 기본이 되는 풋워크 연습이다. 처음에는 연습 상대에게 좌우로 번갈아가며 느린 공을 보내달라고 부탁하고 이를 항상 상대방과 같은 방향(포어사이드 또는 백사이드)으로 치자. 익숙해지면 속도를 높여 30~50번 실수 없이 랠리를 이어갈 수 있도록 연습하자.

랠리 형식으로 연습한다. 연습 상대에게 좌우를 번갈아가며 공을 쳐달라고 한다.

상대방과 같은 방향으로 공을 되받아친다.

CHECK!

1. 풋워크의 정확성
공에 맞춰 치기 쉬운 위치로 움직인다.

2. 양발의 너비
움직일 때마다 양발의 폭(어깨너비보다 조금 넓게)을 일정하게 유지한다.

3. 공을 정확히 상대방에게 되돌리기
자신이 친 공이 상대방 진영의 일정한 위치로 들어가도록 친다. 백사이드든 포핸드든 같은 코스로 공을 칠 수 있도록 연습한다.

연습② 종합적인 풋워크 연습 상급 ★★★

다음은 포핸드와 백사이드의 전환, 깊이 들어가거나 달려들 때와 같은 여러 가지 풋워크의 요소를 함께 익힐 수 있는 종합적인 연습이다.

포어사이드에서 공을 친 다음 살짝 백사이드로 이동해 다음 공을 쇼트(62페이지 참고)로 되받아친다. 그 후 깊숙이 들어가 포핸드(54페이지 참고)로 공을 치고 다시 공이 오면 포핸드로 친다. 그리고 처음 위치로 돌아가 백사이드에 깊이 들어간 상태에서 포어사이드로 온 공을 달려들며 친다.

어려운 연습이므로 처음에는 2회 정도 실수 없이 할 수 있다면 잘한 것이다.

먼저 연습 상대에게 포어사이드로 공을 쳐달라고 하고 되받아친다.

연습 상대에게 중앙으로 공을 치게 하고 쇼트로 되받아친다.

연습 상대에게 백사이드로 공을 치게 하고 깊이 들어가 포핸드로 되받아친다.

연습 상대에게 포핸드로 공을 쳐달라고 하고 달려 들어가 되받아친다.

POINT TIP!
풋워크와 리듬

탁구는 리듬과 템포가 중요한 스포츠다. 상급자의 랠리를 보면 항상 일정한 템포로 랠리가 반복되어 리듬감을 느낄 수 있다. 풋워크는 공을 치기 쉬운 곳으로 민첩하게 이동하는 것이 중요한데, 이를 위해서도 역시 리듬과 템포를 느끼는 것이 중요하다. 공이 바운드되는 리듬에 맞춰 몸 전체를 움직이자.

스윙법 | 기본 포핸드

팔의 힘을 뺀다

포핸드란 포어사이드로 온 공에 톱스핀을 걸어 되받아치는 것으로 탁구의 가장 기본이 되는 스윙이다. 먼저 라켓으로 공을 확실히 받을 수 있도록 연습한 다음 상대방 진영에 공을 보낼 수 있도록 하자.

POINT 01
팔뚝의 힘을 뺀다.

POINT 03
라켓은 수직이나 약간 기울인 상태로 만든다.

POINT 02
오른발을 뒤로 뺀다.

기본 포핸드 스윙법

오른발은 조금 뒤로 빼고 기본자세를 취한다.

오른쪽 무릎을 조금 굽히고 백스윙을 한다.

백스윙을 할 때의 라켓 위치는 수평이거나 조금 아래쪽이다.

팔뚝의 힘을 빼고 바운드된 공이 정점에 이르면 친다.

라켓을 수직이나 살짝 기울인 상태로 공에 회전을 건다.

공의 속도를 그대로 살리면서 자연스럽게 밀어 친다.

POINT TIP!
전진에서 공을 치는 곳

기본 포핸드로는 바운드된 정점에서 공을 치는 것이 보통이지만 전진에서 공을 칠 때는 정점에 달하기 전에 가볍게 치는 것이 보통이다.

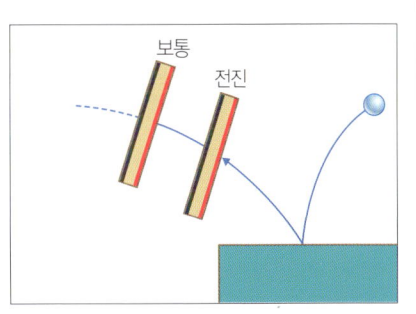

전진에서는 바운드된 공이 정점에 다다르기 전에 친다.

기본 포핸드 스윙법

스윙 포인트①
팔뚝의 힘을 뺀다

기본 포핸드를 잘 치려면 '팔뚝에서 힘을 빼는 것'이 가장 중요하다. 팔뚝의 힘을 빼면 어깨에서 팔이 늘어진 느낌이 든다. 이때 몸을 오른쪽 뒤(오른손잡이의 경우)로 가볍게 흔들며 비틀면 자연스럽게 백스윙이 되고 다시 앞으로 몸을 되돌리면 팔꿈치를 축으로 한 자연스러운 포핸드 스윙을 할 수 있다.

   초보자는 공을 강하게 치려고 필요 이상으로 힘을 주어 공을 컨트롤할 수 없을 때가 있다. 그러나 팔뚝에서 힘을 빼면 몸을 조금만 움직여도 충분한 힘이 실려 공을 컨트롤할 수 있다.

   또한 신경 써서 팔뚝에서 힘을 빼면서 연습하면 포핸드뿐만 아니라 백핸드로의 전환도 비교적 쉽게 익힐 수 있다.

팔뚝에서 힘을 빼고 몸을 오른쪽 뒤로 가볍게 비튼다.

팔꿈치를 기점으로 자연스럽게 친다.

스윙 포인트②
무릎을 가볍게 구부리고 오른발을 약간 뒤로 뺀다

기본 포핸드를 칠 때는 오른발을 약간 뒤로 빼는 것이 기본이다(오른손잡이의 경우). 이렇게 하면 공을 칠 수 있는 영역이 넓어져 전후좌우로 풋워크하기가 쉬워진다. 또한 무릎을 살짝 굽히고 허리를 낮춘 다음 앞으로 향한 자세를 취하면 공에 속도를 붙일 수 있고 회전을 걸 수 있다. 이는 기본 포핸드의 중요한 포인트다.

무릎을 가볍게 구부리고
오른발을 뒤로 뺀다.

몸을 가볍게 앞으로 기울인 다음
몸의 중심을 낮춘다.

POINT TIP!
펜홀더 그립과 셰이크핸드 그립의 차이

기본 포핸드의 스윙법은 펜홀더 그립이든 셰이크핸드 그립이든 같다. 그러므로 펜홀더 그립을 사용하는 선수도 팔뚝의 힘을 빼고 자연스럽게 스윙하도록 하자.

기본 포핸드 스윙법은 펜홀더 그립이든 셰이크핸드 그립이든 같다.

팔뚝에서 힘을 빼고
자연스럽게 친다.

연습법 | 기본 포핸드

포핸드 스트로크는 탁구의 기본이다

연습① 포핸드 스트로크 초급 ★

서로 포어사이드, 즉 대각선으로 공을 치는 랠리 형식의 연습이다. 탁구에서 가장 기본적인 연습의 하나로 '포핸드 스트로크(Forehand Stroke)'라고 부른다. 이 연습을 할 때는 처음부터 공을 강하게 치지 말고, 기본 포핸드를 몸에 익힌다는 생각으로 실수가 없도록 속도를 조절하는 등 레벨에 맞춰 연습해야 한다. 먼저 목표로 한 곳에 정확히 공을 칠 수 있도록 하자. 중급 이상인 선수는 자신의 폼과 타구를 확인하는 정도로 이 연습을 해도 무방하다.

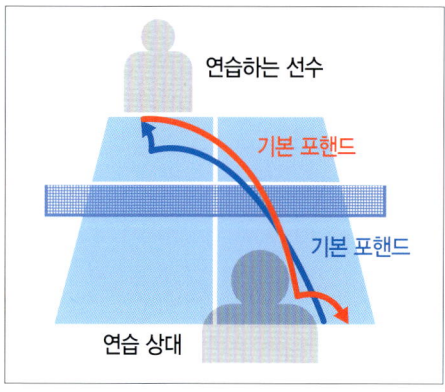

기본 포핸드로 서로 포어사이드로 공을 친다.

먼저 실수 없이 정확히 공을 칠 수 있도록 연습한다.

CHECK!

1. 공을 치는 곳
항상 일정한 곳에서 공을 치자.

2. 목표 코스
처음에는 느려도 좋으니 목표로 한 곳에 공을 칠 수 있도록 하지.

3. 랠리 시간
가능한 한 오래 계속하는 것이 목표다.

4. 어깨부터 팔꿈치를 활용하는 방법
가능한 힘을 빼고 자연스러운 폼으로 친다.

5. 탁구대까지의 거리
전진에서뿐만 아니라 중진에서도 칠 수 있도록 한다. 몸의 회전을 의식하면 긴 거리도 비교적 편하게 칠 수 있다.

| 연습② | **백크로스 포핸드 스트로크** | 초급 ★

자신도 연습 상대도 서로 백사이드에 서서 기본 포핸드로 랠리를 하는 연습이다. 일반적으로 이 코스를 '백크로스'라고 부른다(왼쪽 페이지의 연습①과 같이 포어사이드에서 포어사이드로 치는 코스를 '포어크로스'라고 부름). 시합에서는 자신의 백사이드에서 상대방의 백사이드로 공격하는 경우가 많으므로 백크로스를 연습해 두는 것이 좋다.

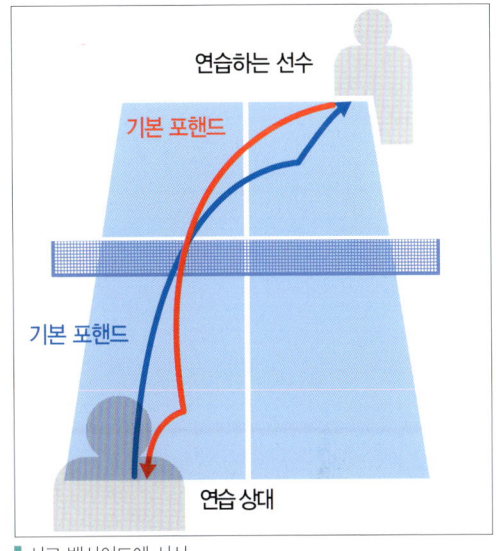

서로 백사이드에 서서
기본 포핸드로 랠리를 이어간다.

| 연습③ | **스트레이트 포핸드 스트로크** | 중급 ★★

자신의 백사이드에서 상대방의 포어사이드로 자신의 포어사이드에서 상대방의 백사이드로 공을 치는 것을 '스트레이트'라고 부른다. 이 연습은 스트레이트 코스로 서로 공을 치는 랠리 형식의 연습이다. 스트레이트는 포어크로스와 백크로스보다 거리가 짧으므로 공을 너무 길게 치지 않도록 주의하자. 또한 익숙해지면 대각선으로 치는 등 항상 탁구대 전면을 사용해 연습하면 실력이 향상된다.

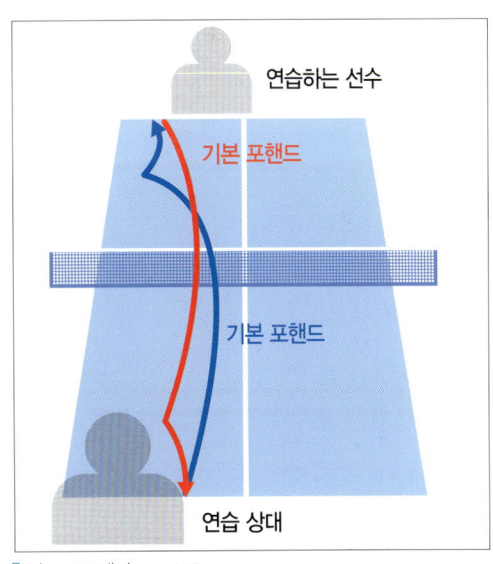

서로 스트레이트 코스로
기본 포핸드로 랠리를 지속한다.

Q&A | 기본 포핸드

Q 가운데로 온 공을 잘 칠 수 있는 비결이 있나?

A 풋워크와 보디워크를 잘 활용하자. 쇼트로 대응하는 것도 하나의 방법이다.

　가운데(탁구대의 중앙)로 온 공을 포핸드로 치는 것은 상당히 어렵다. 이에 대응하는 방법은 아래와 같이 크게 세 가지로 나눌 수 있다. 첫째, '풋워크 구사'이다. 가장 정공법이긴 하지만 근력과 반사신경이 떨어지는 중년 이상의 선수에게는 어려울 수도 있다. 둘째, '보디워크 구사'이다. 상체의 유연성을 활용하여 다리를 움직이지 않고 공을 치는 방법이다. 갑작스러울 때 잘 쓰는 방법이다. 셋째, '쇼트 구사'이다. 무리하게 포핸드로 치지 않고, 백핸드로 대응하는 방법이다. 특히 펜홀더를 사용하는 선수에게는 백핸드로 치는 것이 실수를 방지할 수 있으므로 실전적인 방법이라고 할 수 있다.

①풋워크 구사

②보디워크 구사

③쇼트 구사

Q 포핸드가 잘 늘지 않는 초보자에게 좋은 지도법은 없나?

A 공을 치는 연습을 많이 하는 것이 좋다.

포핸드의 기본을 빨리 익히려면 공을 많이 치는 것이 좋다. 따라서 포핸드를 잘 칠 수 있을 때까지 짧은 시간 안에 많은 공을 치는 것이 좋다. 우선 많은 공을 준비해두고 연습하는 선수에게 연속으로 공을 쳐서 보낸다. 그러면 실수를 해도 바로 공이 날아오기 때문에 짧은 시간 안에 효율적으로 연습할 수 있다. 힘든 연습으로 짧게 해도 좋지만, 그 시간은 무조건 집중을 해야 한다. 처음에는 간격을 두고 공을 보내면서 연습하는 선수가 정확하게 치는지를 확인하는 등 조절해 가면서 연습할 수 있다.

공을 많이 치는 연습은 짧은 시간에 높은 효과를 얻을 수 있다.

Q 포핸드로 친 공의 코스가 불안정하다. 어떻게 하면 공을 컨트롤할 수 있게 될까?

A 공을 컨트롤하려면 어디로 칠 것인지를 먼저 생각해야 한다.

목표를 정하지 않고서는 공을 잘 컨트롤할 수 없다. 먼저 탁구대를 백사이드, 중앙, 포어사이드, 그리고 앞과 뒤의 여섯 개 영역(140페이지 참고)으로 나누고 그 중 하나의 영역에 공이 들어가도록 연습하자. 이렇게 연습하다 보면 서서히 공을 컨트롤할 수 있게 된다.

이 연습방법은 시합에 큰 도움이 된다. 그리고 공을 컨트롤할 수 있게 된 후에도 한 영역을 목표로 삼는 습관을 들이는 것이 좋다.

연습할 때부터 여섯 개의 영역을 의식하면서 공을 치자.

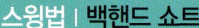

스윙법 | 백핸드 쇼트

공이 바운드된 직후에 받는다

백핸드란 백사이드로 온 공에 대응하는 방법이다. 바운드된 직후에 공을 받는 쇼트는 백핸드 중에서도 익히기 쉬운 스윙법 중 하나이다. 따라서 반드시 포핸드와 함께 익히도록 하자. 또한 쇼트는 공을 강력하게 칠 수 있는 스윙법의 기본이 되기도 하므로 중상급자라도 실력이 더 이상 늘지 않는다고 느낄 때 다시 한 번 확인해 봐야 할 스윙법이기도 하다.

POINT 02
라켓을 앞으로 밀어 낸다.

POINT 03
몸의 중심에서 공을 받는다.

POINT 01
바운드된 직후에 공을 받는다.

백핸드 쇼트의 스윙법

▎팔꿈치를 구부리고 라켓을 잡고 자세를 취한다.

▎공이 바운드된 직후에 몸의 중심으로 공을 받는다.

▎치고 싶은 방향으로 공을 이동시키듯 라켓을 밀어낸다.

스윙 포인트①
공이 바운드된 직후를 노린다

공이 바운드된 직후에 라켓을 살짝 기울어진 상태로 라켓 가운데로 공을 받는다.

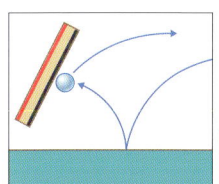

▎라켓의 각도는 살짝 기울어지게 한다.

스윙 포인트②
라켓을 앞으로 밀어낸다

공을 받으면 치고 싶은 방향으로 이동시킨다는 느낌으로 라켓을 앞으로 밀어낸다. 셰이크핸드 그립은 라켓을 기울여 공을 받지만 기본은 펜홀더 그립과 같다.

 꾸준히 연습하여 상대방이 친 공이 탁구대의 어느 위치에서 튀어 오를지 확인하면서 감각을 익히고 조금씩 조절해가자.

스윙법 | 백핸드

팔꿈치를 중심으로 짧게 스윙한다

여기서 소개할 백핸드는 앞에서 설명한 백핸드 쇼트의 연장선에 있는 스윙법이다. 백핸드로 스윙할 때는 라켓을 기울여 공을 덮는다는 느낌으로 쳐서 공의 윗부분에 회전을 건다. 백핸드 쇼트는 정면에서 공을 치는 반면 백핸드는 백사이드 쪽에서 공을 친다. 이런 차이는 있지만 같은 느낌으로 백핸드 쇼트와 백핸드 스윙을 한다.

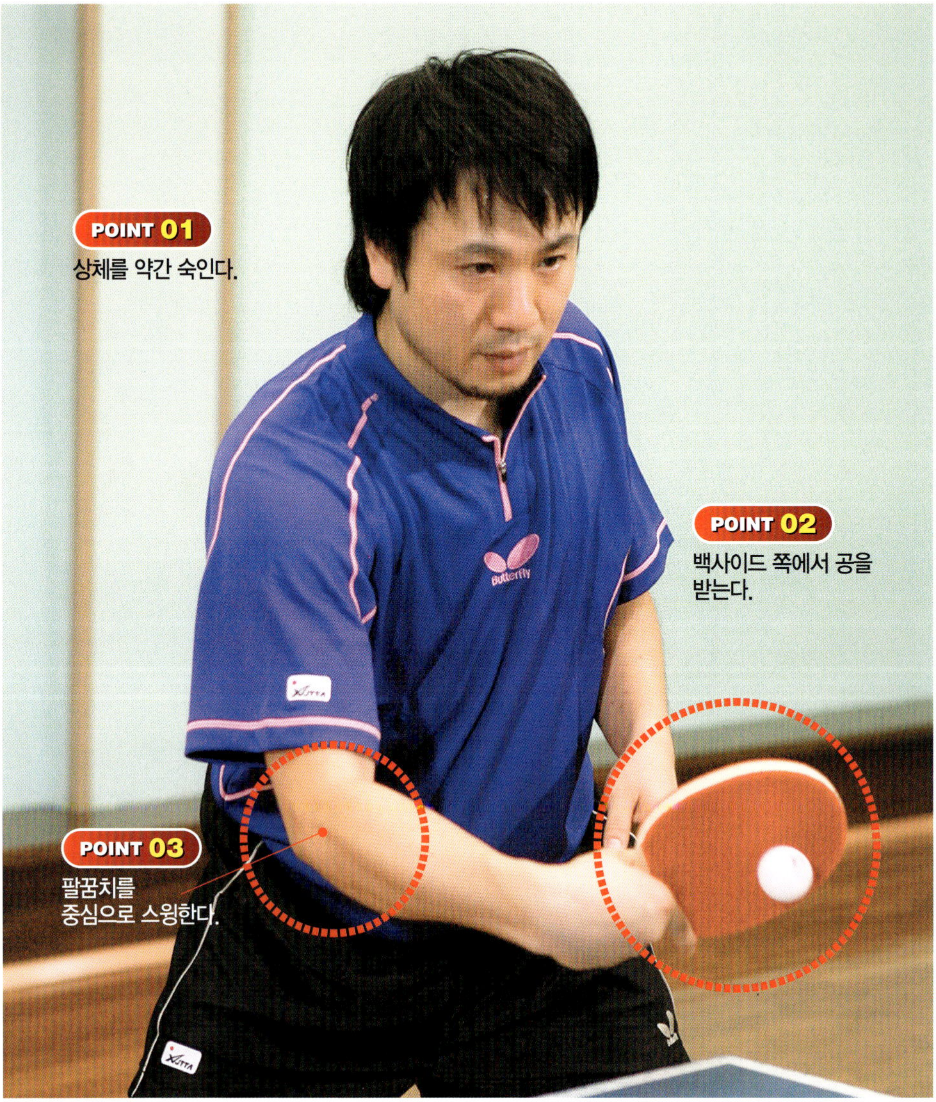

POINT 01
상체를 약간 숙인다.

POINT 02
백사이드 쪽에서 공을 받는다.

POINT 03
팔꿈치를 중심으로 스윙한다.

백핸드 스윙법

스윙 포인트①
상체를 약간 숙인다

무릎을 살짝 굽히고 상체를 앞으로 약간 숙여 기본자세를 취한다. 공이 탁구대에 맞는 순간에 맞춰 몸의 왼쪽 아래에서 백스윙을 한다.

스윙 포인트②
백사이드 쪽에서 공을 받는다

정면이 아닌 백사이드에서 몸을 열고 공을 받을 준비를 한다. 그리고 바운드된 순간에 공을 친다. 이때 백사이드 쇼트 때보다 라켓을 더욱 기울여 마치 라켓면으로 공을 덮는 듯한 느낌으로 친다.

스윙 포인트③
팔꿈치를 중심으로 스윙한다

팔꿈치를 중심으로 짧게 스윙한다. 손목을 쓰는 방법, 라켓면의 각도, 스윙하는 속도와 상대방이 어떤 공을 치느냐에 따라 백핸드를 활용하는 방법이 달라진다. 연습을 통해 자신만의 방법을 익힌다.

연습법 | 백핸드 쇼트

대각선 랠리를 연습하다 조금씩 단계를 높여가자

연습① 백핸드 랠리 초급 ★

백핸드는 백핸드 쇼트의 연장선에 있다. 먼저 대각선으로 백핸드 랠리를 하다가 익숙해지면 직선으로 코스를 바꾸는 등 레벨을 점점 높인다.

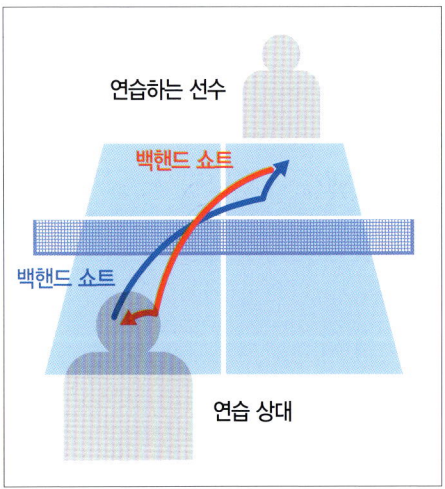

대각선으로 백핸드 쇼트 랠리를 한다.

먼저 공의 힘이나 속도에 신경 쓰기보다 정확하게 치는 것에 주력한다.

CHECK!

1. 공을 치기 전의 자세
무릎을 살짝 굽히고 상체는 앞으로 약간 숙인다.

2. 공을 받는 위치
백핸드 쇼트의 기본은 공을 몸의 정면에서 받는 것이다.

3. 공을 받는 타이밍
공이 바운드되었을 때, 즉 쇼트 바운드로 공을 받는다.

4. 스윙
상대방의 진영에 공을 보내듯 라켓면을 상대방 쪽으로 밀어 넣는다.

| 연습② | **롱 서비스 되받아치기** | 초급 ★ |

처음에 백핸드 쇼트의 리듬과 감각을 익히는 것은 매우 어렵다. 먼저 연습 상대에게 롱 서비스(137페이지 참고)를 부탁해 이를 쇼트로 리시브하는 연습을 하는 것이 효과적이다.

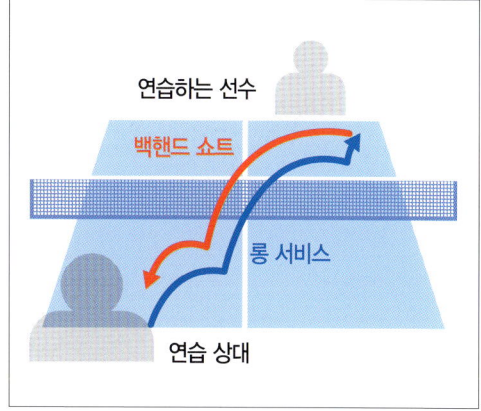

연습 상대에게서 롱 서비스를 받아 백핸드 쇼트로 리시브한다.

| 연습③ | **드라이브 막기** | 중급 ★★ |

백핸드 쇼트의 감각을 익혀 안정적으로 공을 되받아칠 수 있게 되었다면, 드라이브(80페이지 참고)와 같이 톱스핀이 걸린 공을 쳐보자. 톱스핀이 걸린 공을 백핸드 쇼트로 받아치는 것은 실제 시합에서도 자주 사용되는 기술이다. 이런 백핸드 쇼트를 잘 구사하려면 공의 회전량에 맞춰 라켓의 각도를 적절히 조절해야 한다.

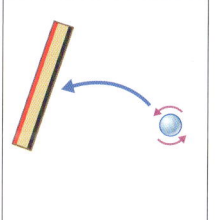

윗부분에 회전이 걸린 공을 받아칠 때는 라켓을 살짝 기울인다.

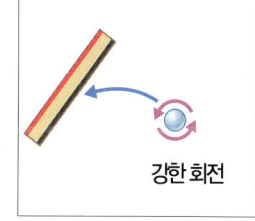

강한 회전

윗부분에 강한 회전이 걸린 공을 받아칠 때는 라켓을 더욱 기울인다.

POINT TIP!

받아친 공이 너무 멀리 날아가는 것을 막는다

상대방이 공에 강한 톱스핀을 걸면 라켓을 아무리 기울여도 내가 친 공이 멀리 날아가 버리고 만다. 이런 경우에는 공의 진행 방향에 따라 라켓을 기울이면 상대방이 건 스핀의 위력을 죽이면서 받아칠 수 있다.

또한 백핸드 쇼트로 공을 되받아쳤을 때 너무 멀리 날아갔다면 친 순간에 공을 너무 밀었다고 할 수 있다. 이때는 공의 회전에 맞춰 라켓의 각도를 조절하자.

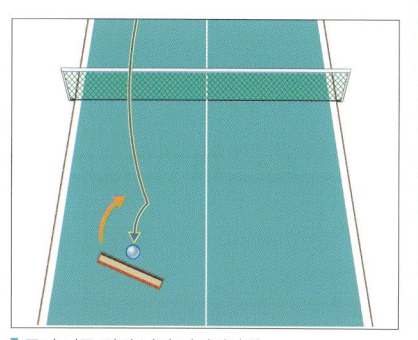

공이 너무 멀리 날아 가버렸다면 위의 그림처럼 라켓을 기울여보자.

연습법 | 백핸드

쇼트 스윙법에서 백핸드 공격으로 전환한다

연습① 탁구대에서 서서히 멀어지자 중급 ★★

쇼트 스윙법을 익혔다면 백핸드 공격을 연습하자. 백핸드 공격도 쇼트 스윙법에서 발전한 기술로 처음에는 대각선 랠리를 시작한다. 그리고 서서히 탁구대에서 멀어지면 자연스럽게 팔꿈치를 기점으로 한 백핸드 공격을 익힐 수 있다. 처음에는 1m부터 시작해 2m 떨어진 지점에서 랠리를 할 수 있도록 하자.

CHECK!

1. 공을 받는 위치
몸의 정면보다 조금 백사이드에서 공을 받는다. 그렇지 않으면 완벽히 스윙할 수 없다.

2. 라켓의 각도
백핸드 쇼트보다 공을 강하게 쳐야 하므로 라켓을 기울여 제대로 스윙한다.

3. 스윙
팔꿈치로 스윙한다. 어깨로 스윙하면 동작이 너무 커지고 손목으로 스윙하면 위력적이지 않다.

| 연습② | 허리를 써서 밀어친다 | 상급 ★★★ |

백핸드의 감을 잡았다면 이번에는 조금 강한 공을 쳐보자. 포인트는 백스윙으로 몸을 왼쪽으로 가볍게 비틀고 밀어칠 때 오른발을 내딛는 것이다. 백스윙으로 몸을 비틀면 힘을 모을 수 있으며 공을 칠 수 있는 공간을 확보할 수 있다. 또한 오른발을 내딛으면 체중을 실어 스윙할 수 있다.

백스윙으로 몸을 왼쪽으로 가볍게 비틀면 강한 공을 칠 수 있다.

밀어칠 때는 오른발을 내딛는다.

POINT TIP!

셰이크핸드 그립 백핸드

펜홀더는 그립의 구조적인 문제 때문에 안정된 백핸드를 익히는 것이 셰이크핸드보다 어렵다고 알려져 있다. 물론 펜홀더든 셰이크핸드든 기본이 되는 기술은 같지만, 펜홀더로 백핸드를 자유자재로 구사할 수 있는 선수는 상당한 실력자라고 할 수 있다.

한편, 셰이크핸드의 백핸드는 백핸드 쇼트의 기본을 확실히 익히면 금방 익힐 수 있다. 셰이크핸드라면 어디서든 칠 수 있는 백핸드를 익히라고 하고 싶다.

펜홀더의 백핸드는 셰이크핸드보다 어렵다.

스윙법 | 백핸드 커트

라켓면은 위를 향하고 각도를 조절한다

커트란 주로 탁구대 위에서 공의 밑부분을 '찌르듯' 치는 기술이다. 공에 언더스핀을 거는 스윙법으로 상대방의 언더스핀 공을 되받아칠 때도 잘 사용한다. 기본 포핸드(54페이지 참고)와 백핸드 쇼트(62페이지 참고)에 커트까지 익힌다면 초보 딱지는 뗴었다고 해도 좋다.

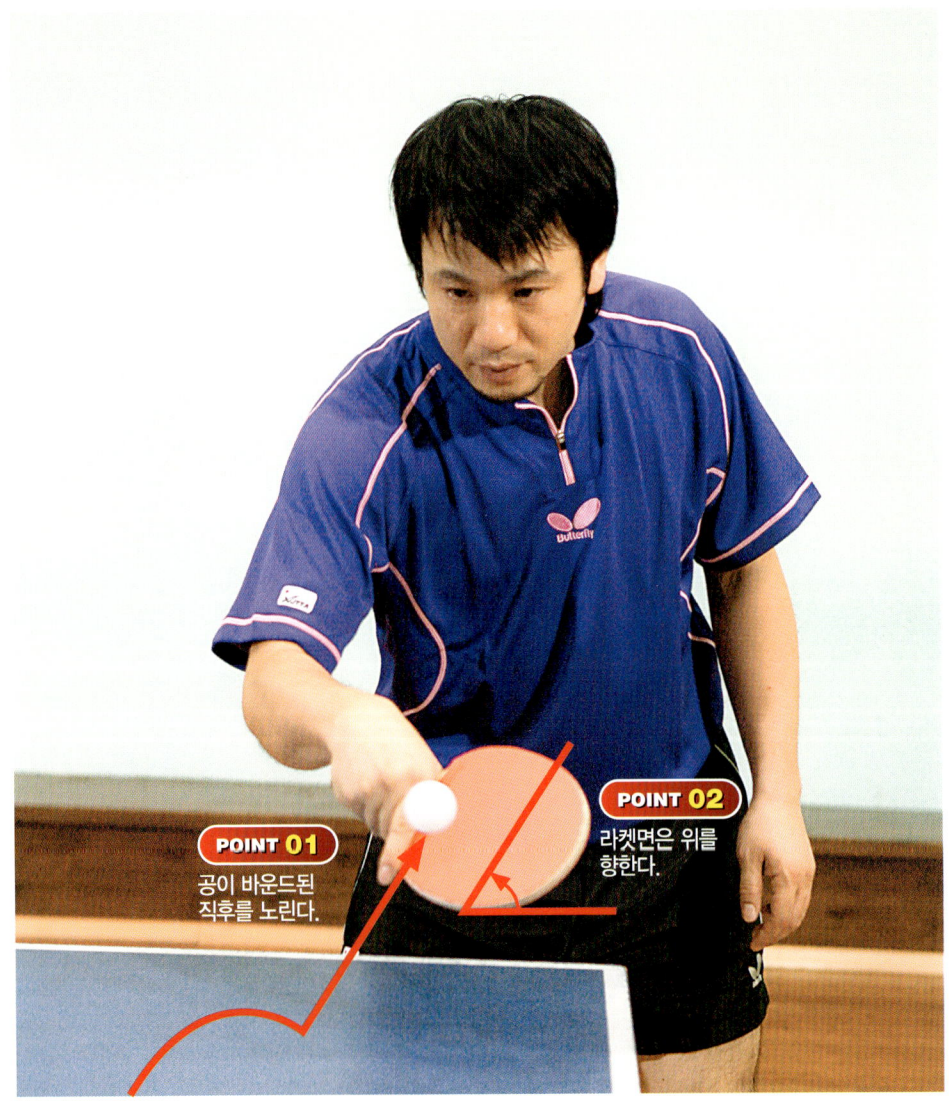

POINT 01 공이 바운드된 직후를 노린다.

POINT 02 라켓면은 위를 향한다.

백핸드 커트 스윙법

라켓면이 위로 향하도록 라켓을 잡는다.

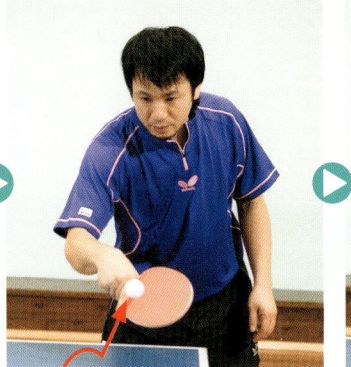
공이 바운드되었을 때 바로 받는다.

팔꿈치를 펴면서 라켓을 밀어친다.

스윙 포인트①
공이 바운드된 직후를 노린다

커트는 바운드되어 위로 올라가는 공을 노리는 스윙법이다. 커트 기술을 구사하는 위치는 당연히 탁구대 위가 된다. 자신만의 타이밍을 찾을 때까지 반복해서 연습하도록 한다.

커트는 탁구대 위에서 해야 한다.

스윙 포인트②
라켓면은 위로 향하게 한다

커트는 라켓의 각도가 중요하다. 기본적으로 공이 뜬다면 라켓을 탁구대와 수직이 되도록 세우고, 공이 네트에 걸렸다면 조금 눕혀서 쳐본다.

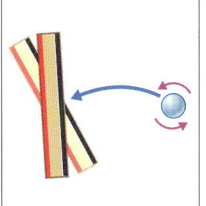
공이 뜬다면 라켓을 세운다.

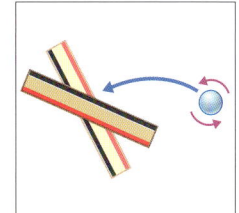
네트에 공이 걸렸다면 라켓을 눕힌다.

스윙법 | 포핸드 커트

포인트는 라켓의 각도와 공을 치는 부분이다

일반적으로 커트는 백핸드로 한다고 생각하지만 포핸드로도 칠 수 있다. 따라서 이 기술을 익히면 플레이의 폭이 넓어진다. 스윙법은 백핸드와 같이 바운드된 공을 받아 찌른다는 느낌으로 언더스핀을 건다.

POINT 01
라켓면을 위로 향한다.

POINT 02
각도에 주의하면서 공이 바운드된 직후에 받는다.

POINT 03
공을 친 다음 팔꿈치를 그대로 편다.

포핸드 커트 스윙법

스윙 포인트①
라켓면을 위로 향한다

공이 낙하할 곳을 예측하여 그곳으로 이동해 공을 칠 자세를 취한다. 그리고 타이밍에 맞춰 스윙을 시작한다. 공을 찌르는 듯한 스윙법이므로 백스윙을 크게 할 필요는 없다. 라켓면은 위로 향해야 한다.

스윙 포인트②
각도에 주의하면서 공이 바운드된 직후에 받는다

바운드된 공을 받는다. 공의 밑부분을 찌르듯 쳐 언더스핀을 건다. 백핸드와 같이 라켓의 각도가 중요하다. 공이 높이 뜨거나 네트에 걸리지 않도록 하는 요령을 찾자.

스윙 포인트③
공을 친 다음 그대로 팔꿈치를 편다

공을 친 다음에는 팔꿈치를 그대로 펴면서 가볍게 밀어친다. 무리 없이 자연스럽게 밀어치자.

> 팔꿈치를 펴고 자연스럽게 밀어친다.

연습법 | 커트

먼저 언더스핀을 걸어 되받아치는 것부터 시작한다

연습① 언더스핀의 서비스를 되받아친다 초급 ★

언더스핀이 제대로 걸린 커트를 자유자재로 칠 수 있는 것이 최종 목표라고 해도 먼저 상대방의 공에 언더스핀을 걸어 되받아치는 것을 익혀야 한다. 따라서 커트를 하기 쉬운 언더스핀 서비스를 되받아치는 것부터 연습하자. 이는 리시브 연습의 기본이기도 하다.

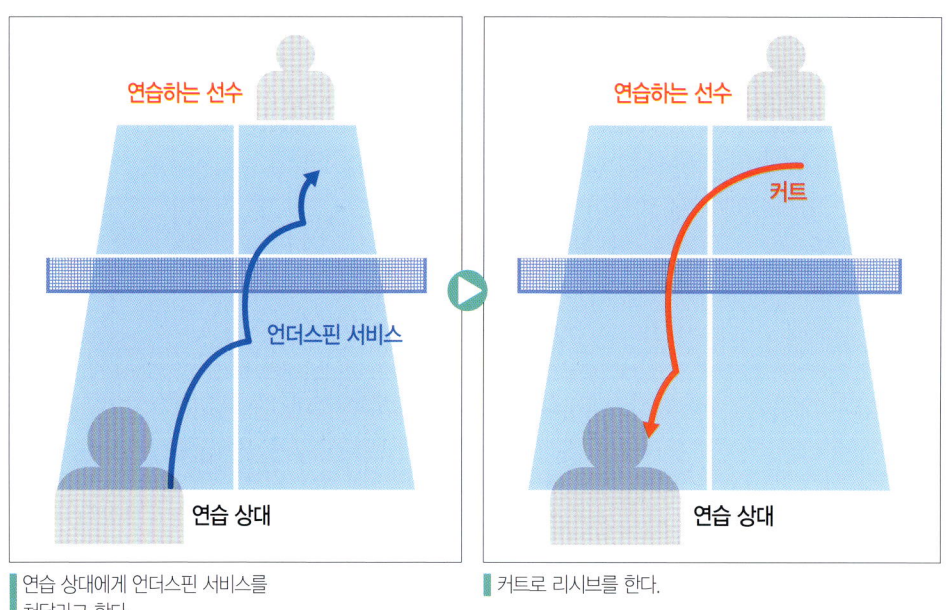

▎연습 상대에게 언더스핀 서비스를 쳐달라고 한다.

▎커트로 리시브를 한다.

CHECK!

1. 풋워크
항상 몸의 정면에서 공을 받을 수 있도록 발을 움직인다.

2. 정확하게 되받아치기
공이 높이 뜨지 않도록 주의하면서 예상한 곳에서 공이 바운드되었는지 확인한다.

3. 라켓 각도
라켓면을 위로 향하게 하여 공을 받는다. 공이 뜨면 라켓을 세우고, 네트에 걸리면 눕힌다.

| 연습② | 커트로 랠리를 20번 지속한다 | 중급 ★★ |

커트로 포어크로스나 백크로스와 같은 대각선 랠리를 지속한다. 먼저 실수 없이 20번 이어 치는 것을 목표로 삼자.

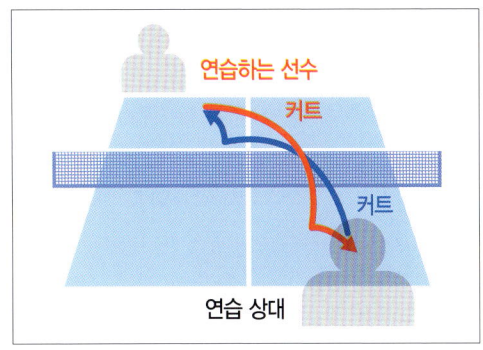

■ 서로 커트로 대각선상 랠리를 한다.

| 연습③ | 코스를 바꾼 커트 | 상급 ★★★ |

연습 상대로부터 여러 코스와 강도로 공을 받아 몸을 움직이면서 커트로 되받아치자. 항상 정면으로 공을 받을 수 있도록 움직이자.

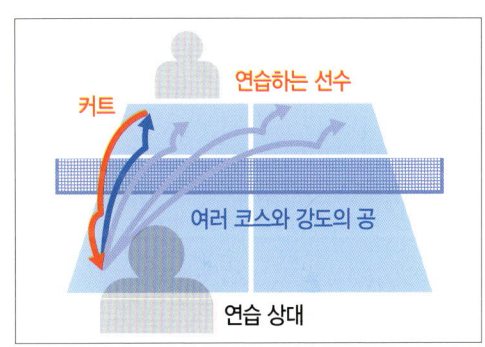

■ 여러 코스와 강도로 공을 받아 모두 커트로 되받아친다.

POINT TIP!

사이드스핀을 건 커트

커트는 시합에서 반드시 필요한 기술이다. 그중에서도 최고 선수의 커트는 그저 상대편 진영에 단순히 공을 보내는 플레이가 아니다. 최근 자주 볼 수 있는 것이 사이드스핀을 걸어 탁구대 위에서 공이 돌아가도록 변화를 주는 커트다. 백사이드에서 상대방의 포어사이드로 가도록 변화하는 커트는 비교적 간단히 칠 수 있으므로 커트에 익숙해졌다면 꼭 구사해보자.

커트에 익숙해지면 여러 방향으로 회전을 건 커트에도 도전해보자.

CHAPTER 02 기본 기술 | 75

Q&A | 커트

Q 겨우 커트를 칠 수 있게 되었는데 시합에 나서면 실수만 한다. 어떻게 하면 커트를 잘 칠 수 있을까?

A 공의 밑부분을 강하게 문지르듯 쳐야 한다.

커트는 잘 치면 그것만으로도 상대방을 압도할 수 있다. 이를 위해서는 강한 회전을 걸 필요가 있는데, 이때 공의 밑부분을 강하게 문지르듯 쳐야 한다. 탁구대에서 45도 되는 각도를 기준으로 상대방이 친 공의 회전량과 속도, 그리고 자신이 치고 싶은 공에 따라 각도를 조절한다.

물론 각도만 조절한다고 해서 바로 커트의 달인이 되는 것은 아니다. 처음에는 상대방 진영에 공을 넣는 것부터 연습하자. 그리고 안정적으로 칠 수 있게 되면 회전을 거는 연습을 하자. 회전량이 적은 커트는 속도도 느려 상대방에게 득점 기회를 주고 만다.

라켓을 조금 기울이면 수평으로 회전을 걸기 어렵다.

라켓을 비스듬히 아래로 휘두르면 회전이 걸린다.

라켓의 각도가 수평에 가까워도 회전이 걸린다.

Q 상대방이 커트를 너무 쉽게 되받아친다. 어떻게 하면 상대방이 되받아칠 수 없는 커트를 칠 수 있을까?

A 상대방이 잘하고 못하는 기술을 간파하여 커트의 길이를 조절하자.

흔히 '상대방이 되받아치지 못하게 하려면 커트를 짧게 쳐라'라고 말한다. 실제로 드라이브를 잘 구사하는 선수에게는 이 말이 맞지만 전진속공형 선수를 상대할 때는 짧은 커트를 잘 못 치시 조금이라도 공이 떠버릴 경우 바로 스매시를 당하고 만다. 이런 경우에는 오히려 날카롭고 긴 커트를 최대한 뜨지 않게 치는 것이 좋다.

Q 백핸드 커트와 비교해 포핸드 커트가 잘 안 된다.

A 공의 위치까지 들어가는 풋워크가 중요하다.

일반적으로 포핸드 커트는 백핸드 커트보다 어렵다고 한다. 그러나 기본적으로 포핸드 커트도 백핸드 커트와 마찬가지로 공의 위치까지 들어가 팔꿈치를 구부린 상태에서 공을 받아 그대로 라켓을 네트 방향으로 내밀면 된다.

풋워크를 제대로 하지 않아 공의 위치까지 몸이 따라가지 못하면 손으로만 공을 치게 되어 커트가 잘되지 않는다.

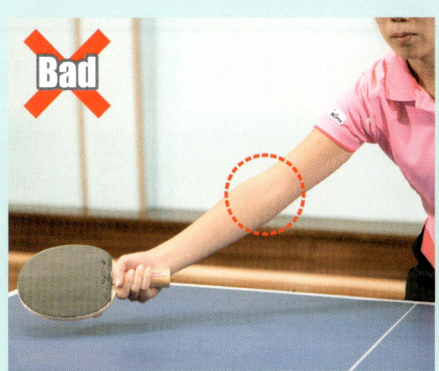

커트의 경우 공을 칠 때 팔꿈치를 펴는 것은 좋지 않다.

풋워크를 이용하여 팔꿈치를 구부린 상태에서 치는 것이 가장 좋다.

POINT TIP!

커트의 종류

커트에는 여러 가지 종류가 있다. 그중에서도 '무조건 상대방의 언더스핀 공을 되받아치기 위한 커트'와 '포어크로스나 백크로스 등 어려운 코스로 빠르고 날카로운 공을 되받아치는 공격적인 커트'를 구분하여 시합에서 구사할 수 있으면 시합을 상당히 편하게 이끌어 갈 수 있다. 아직 초보자라면 커트를 할 때 실수를 없애는 것만으로도 승리할 가능성이 커진다.

커트에 익숙해졌다면 공격적인 커트도 시도해보자.

CHAPTER 03

다양한 스윙 기술
HIGH LEVEL SWING

드라이브, 스매시, 커트, 로브 등은 경기에서 매우 중요한 기술로 그만큼 난이도가 높다. 이번 장에서는 한 단계 발전한 스윙법에서 꼭 알아두어야 할 점과 연습방법을 설명한다.

스윙법 | 포핸드 드라이브

드라이브는 허리로 친다

포핸드 드라이브란 포핸드로 공에 톱스핀을 걸어 치는 것을 말한다. 공에 강한 톱스핀을 걸면 강타했을 때 안정감이 커지는 효과가 있는 것은 물론 상대방이 언더스핀을 걸어 넘긴 공을 네트에 걸리는 일 없이 되받아칠 수 있다.

공을 받는 것은 몸의 앞부분이다. 풋워크를 활용해 공을 치기 쉬운 곳까지 빠르게 움직여 허리 회전에 신경 쓰며 스윙한다.

POINT 01
스윙은 허리를 낮춘 기본자세에서 한다.

POINT 02
허리 회전에 신경 쓴다.

POINT 03
라켓의 각도는 45도다.

포핸드 드라이브 스윙법

스윙 포인트①
허리를 약간 낮춰 자세를 취한다

이 기술은 기본자세를 바탕으로 한다. 무릎을 구부리고 허리를 살짝 낮추면 허리를 사용하여 스윙할 수 있다. 따라서 무릎을 편 자세로 공을 기다리지 말자.

스윙 포인트②
허리 회전에 신경 쓴다

기본 포핸드(54페이지 참고)보다 허리 회전에 신경 쓰자. 백스윙을 할 때 라켓을 쥔 손 쪽으로 허리를 돌리고 다시 원래 자세로 되돌리면서 스윙하는 것이 좋다. 이때 어깨와 팔꿈치는 힘을 빼도록 하자. 그리고 라켓을 앞으로 살짝 기울여 공을 받는 것도 강력한 톱스핀을 걸 수 있는 중요한 요소다.

스윙 포인트③
라켓의 각도는 45도다

공을 받은 뒤 라켓을 자연스럽게 휘두른다. 옆에서 본 라켓의 각도가 약 45도가 되도록 하자.

라켓의 각도는 약 45다.

스윙법 | 백핸드 드라이브

팔꿈치가 향하는 방향으로 손목을 휘두른다

백핸드로 공을 받을 수 있게 되려면 먼저 백핸드 쇼트(62페이지 참고)를 익혀야 한다. 다음으로 백핸드(64페이지 참고), 백핸드 드라이브로 차례차례 익혀나가면 시합할 때 구사할 수 있는 기술의 폭이 많이 늘어난다.

공을 문지르듯 올려치는 것은 포핸드와 같지만, 팔꿈치가 향하는 방향으로 손목을 휘두르는 것이 포인트다. 공에 강한 톱스핀을 걸 수 있도록 연습하자.

POINT 01
팔뚝에서 힘을 뺀다.

POINT 02
팔꿈치가 향하는 방향으로 꺾었던 손목을 손등 방향으로 제쳐준다.

백핸드 드라이브 스윙법

무릎을 살짝 구부리고, 허리를 낮추고, 손목을 꺾어 공을 받을 준비를 한다.

타이밍에 맞춰 스윙을 시작한다. 팔뚝의 힘을 빼고 손목을 짧게 사용한다.

팔꿈치가 향하는 방향으로 손목을 제쳐주며 공을 문질러 올리듯 받는다.

스윙의 힘을 그대로 살려 라켓을 비스듬히 위로 휘두른다.

POINT TIP!

포어와 백의 차이점

보통 백핸드 드라이브는 포핸드 드라이브와는 다른 기술이라고 여기는데, 모두 강한 톱스핀을 거는 스윙법으로 기본적으로 별 다른 차이가 없다. 팔뚝의 힘을 빼는 것과 허리 회전을 신경 써야 하는 포핸드 드라이브의 비법은 그대로 백핸드 드라이브에서도 활용할 수 있다.

백핸드 드라이브를 칠 때도 팔뚝에서 힘을 뺀다.

스윙법 | 여러 가지 드라이브

상황에 맞춰 구사한다

드라이브 스윙법은 공에 톱스핀을 거는 방법으로 스윙법에 조금만 신경 쓰면 공에 여러 가지 변화를 줄 수 있다. 여기 소개한 것을 모두 익힐 필요는 없다. 그냥 자신의 스타일에 맞는 것을 찾아 여러 가지 스윙법에 도전해보자.

루프 드라이브 스윙법

루프 드라이브(Loop Drive)란 공의 속도를 늦추는 대신 회전량을 늘린 드라이브 스윙법이다. 공은 일반적인 드라이브 스윙법보다 높은 위치로 산과 같은 궤도를 그리며 상대방 진영에 들어간다. 완급을 조절해 구사하면 좋지만, 자신이 친 공이 상대방 진영의 네트 가까이에 떨어지거나 회전량이 적으면 상대방에게 득점의 기회를 줄 수 있으니 주의해야 한다.

먼저 허리를 낮추고 크게 백스윙을 한 다음 전신의 탄력을 이용하여 아래에서 위로 라켓을 힘차게 휘두른다.

허리를 낮춰 백스윙을 크게 한다.

전신의 탄력을 이용하여 아래에서 위로 라켓을 힘차게 휘두르며, 체중은 오른발에서 왼발로 중심이 이동되어야 한다.

공을 문질러 올리듯 드라이브보다 위를 향해 휘두르며 상체는 조금 숙여준다.

커브 드라이브와 슈트 드라이브의 스윙법

커브 드라이브(Curve Drive)와 슈트 드라이브(Shoot Drive)는 좌우에 변화를 준 드라이브다. 커브 드라이브는 공이 바운드 후 상대의 오른쪽으로 휘어 맞추기 어렵고, 슈트 드라이브는 왼쪽으로 휘는 고급 기술이다. 특히 슈트 드라이브는 스매시만큼 위력적이어서 익혀두면 시합에서 상당한 효과를 볼 수 있다.

커브 드라이브

커브 드라이브는 타구점을 약간 늦추어 바깥에서부터 안쪽으로 공을 감아 들이듯이 쳐 톱스핀을 걸면서 공에 좌회전(위에서 봤을 때)을 더한다. 라켓면은 안쪽을 향한다.

슈트 드라이브

슈트 드라이브는 일반 드라이브보다 타구점을 좀 더 빨리 잡는다. 공에 톱스핀을 걸면서 우회전(위에서 봤을 때)을 더한 것이 슈트 드라이브다. 공의 안쪽을 라켓이 빠져나가듯 친다. 라켓면은 바깥쪽을 향한다.

POINT TIP!

자연스러운 커브

드라이브를 칠 때 어깨부터 팔꿈치의 힘을 빼지 않으면 옆구리가 열려 라켓을 크게 휘두르고 만다. 이 때문에 공의 바깥쪽을 쳐 의도하지 않았는데도 커브 드라이브를 칠 때가 있다. 이런 커브 드라이브는 노리고 친 커브 드라이브와는 다르게 위력과 안정감이 떨어지므로 고치는 것이 좋다.

라켓을 크게 휘둘러 치는 드라이브는 위력과 안정감이 떨어진다.

연습법 | 드라이브

처음에는 느린 속도로 랠리를 한다

연습① 드라이브로만 랠리하기 　　　　　　　　　　　　　　　　　　조급 ★

드라이브를 익히려면 드라이브 또는 쇼트 블록(100페이지 참고)을 드라이브로 되받아치는 연습이 좋다. 안정된 폼으로 랠리가 지속될 수 있도록 처음에는 한 코스로 느린 랠리를 하다가 서서히 드라이브 속도를 높인다.

　랠리가 이어지지 않을 때는 롱 서비스(137페이지 참고)를 드라이브로 리시브하는 연습이 효과적이다. 이 연습을 통해 초보자뿐만 아니라 중급자도 자세가 흐트러지는지 확인할 수 있다. 안정된 랠리가 10번 이상 지속되면 탁구대에서 조금 떨어진 위치에서 드라이브를 연습하자.

CHECK!

1. 무릎을 구부린다
무릎을 구부려 자세를 취한다.

2. 스윙
백스윙을 너무 크게 하거나 옆구리를 필요 이상 열지 말자. 공을 친 다음에는 라켓을 확실히 휘두른다.

3. 공을 받는 위치
풋워크로 공을 받기 쉬운 위치로 이동한다.

POINT TIP!

허리를 의식한 스윙이란?

허리에 신경 쓰면서 스윙을 하면 드라이브 실력이 향상된다. 하지만 이렇게 말해도 선뜻 감이 잡히지 않는 사람이 있을 것이다. 사람에 따라 의식하지 않았는데도 자연스럽게 허리를 사용하는 사람이 있기 때문이다.

　허리를 어떻게 사용해야 할지 모르겠다는 사람은 '무릎을 조금 굽히고 허리를 낮춘 자세에서 공을 친다'는 것에 주의하자. 아니면 실제로 '양 무릎을 쭉 편 자세'와 비교해보자. 그러면 허리를 사용한 스윙의 위력과 안정감을 느낄 수 있을 것이다.

무릎을 펴면 허리를 사용할 수 없다는 것을 알 수 있다.

연습② 풋워크를 활용한 드라이브 연습

중급 ★★

연습 상대에게 포어사이드 또는 백사이드의 정해진 범위로 여러 코스와 길이의 공을 받아 드라이브로 되받아친다. 공을 치기 쉬운 곳까지 재빨리 이동할 수 있는 풋워크를 익히는 것이 이 연습의 목적이다.

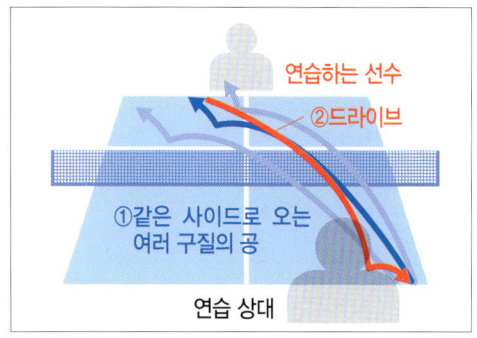

연습 상대에게 여러 구질의 공을 받아 드라이브로 되받아친다.

연습③ 스트레이트 코스로 되받아치기

중급 ★★

여러 코스로 공을 칠 수 있는 쪽이 시합을 유리하게 이끌어갈 수 있다. 스트레이트 코스는 의외로 어려우니 평소 연습할 때 확실히 해두자. 반복해서 연습하면 자신만의 감각을 익힐 수 있다.

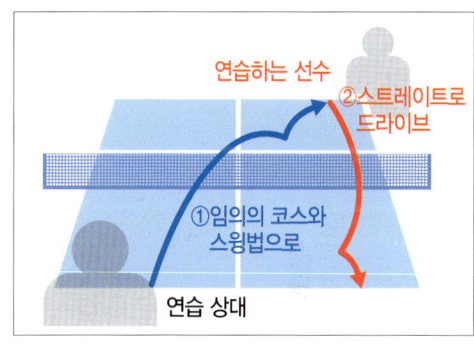

연습 상대에게 받은 공을 스트레이트 코스로 드라이브를 구사해 되받아친다.

연습④ 커트 되받아치기

상급 ★★★

톱스핀보다는 언더스핀이 드라이브로 되받아치기 어렵다. 언더스핀을 드라이브로 되받아치려면 허리를 사용해야 하기 때문이다. 이 기술을 자신의 것으로 만드는 데는 커트를 드라이브로 되받아치는 연습이 좋다. 처음 연습할 때는 상대방에게 커트를 부탁해 받아치자. 이 연습으로 드라이브 자세를 완성할 수 있다.

커트의 언더스핀을 드라이브로 되받아치는 연습은 난이도가 높다.

스윙법 | 포핸드 스매시

파고들어 라켓을 강하게 휘두른다

스매시(Smash)란 강하게 치는 것을 말한다. 라켓면을 탁구대와 수직 또는 조금 기울여 공을 받는다. 스매시를 치기 가장 좋은 때는 상대방의 공에 회전이 걸리지 않고 위로 떴을 때로 득점할 수 있을 만큼 강하게 친다. 스매시는 호쾌한 스윙법으로 성공했을 때 짜릿함을 느낄 수 있다. 그래서인지 탁구의 가장 큰 묘미로 꼽는 사람이 많다.

POINT 01
라켓을 세워 공을 맞춘다.

POINT 02
공을 친 다음에도 자세를 유지한다.

POINT 03
공을 칠 때 왼발로 파고든다.

포핸드 스매시 스윙법

양무릎을 구부리고 타이밍에 맞춰 백스윙을 한다.

공이 정점에 올랐을 때 받을 수 있도록 왼발로 파고든다.

공을 친 후에도 자세를 유지하며 무릎의 탄력을 활용한다.

스윙 포인트①
라켓을 세워 공을 친다

구질에 따라 다르지만 드라이브(80페이지 참고)를 칠 때보다 라켓을 세운다. 탁구대와 거의 수직을 이루도록 하여 공을 친다.

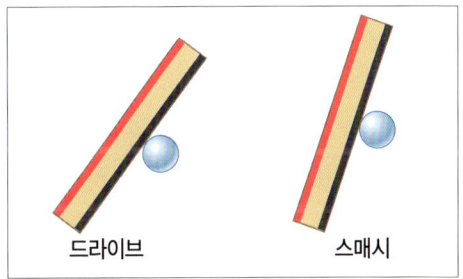

오른쪽 그림과 같이 탁구대와 수직을 이루도록 라켓을 세워야 한다.

스윙 포인트②
공을 친 다음에도 자세를 유지한다

스매시는 득점력 있는 기술이지만 친 다음 자세가 흐트러지면 오히려 상대방의 역공을 허용하여 득점 기회를 줄 수 있다. 따라서 공을 친 다음에도 자세를 유지할 수 있도록 무릎의 탄력을 활용하자.

공을 친 다음에도 무릎은 부드럽게 구부린 자세를 유지한다.

무릎을 펴는 것은 절대 금물이다.

스윙법 | 백핸드 스매시

팔꿈치를 기점으로 손목을 재빨리 꺾는다

탁구의 묘미 중 하나인 스매시는 백핸드로도 칠 수 있다. 팔꿈치를 축으로 삼고 손목을 재빨리 꺾는 것이 중요하다. 어려운 기술이지만 익혀두면 공격의 폭을 넓힐 수 있다.

POINT 01
손목을 재빨리 꺾는다.

POINT 02
팔꿈치를 축으로 스윙한다.

백핸드 스매시 스윙법

허리를 낮추고 몸쪽으로 백스윙을 한다.

오른발을 내밀고 재빨리 손목을 꺾어 공을 받는다.

축이 되는 팔꿈치를 펴면서 스윙한다.

라켓을 그대로 크고 자연스럽게 휘두른다.

POINT TIP!

펜홀더와 백핸드 스매시

백핸드 스매시는 강력한 기술이지만 매우 어렵다. 특히 펜홀더 백핸드는 고난이도 기술이라 구사하기가 더욱 어렵다. 이때는 돌아들어가 포핸드로 공을 치거나 백사이드에서 회전을 건 쇼트(120페이지 참고)를 구사해도 좋다. 자신에게 맞는 방법을 활용하자.

펜홀더 백핸드 스매시는 고도의 기술이 필요하다.

연습법 | 스매시

스매시하기 좋은 공은 놓치지 말자

연습① 대각선 랠리

스매시는 드라이브(80페이지 참고)에서 발전한 기술이다. 스매시를 정복하려면 포어사이드의 대각선으로 드라이브 랠리를 하다가 연습 상대에게 높게 뜬 공을 부탁해 스매시하는 연습을 한다. 이외에 어떤 상황에서도 자유롭게 스매시를 구사할 수 있도록 평소에 충분히 연습해두고 스매시하기 좋은 공이 오면 놓치지 말고 스매시한다.

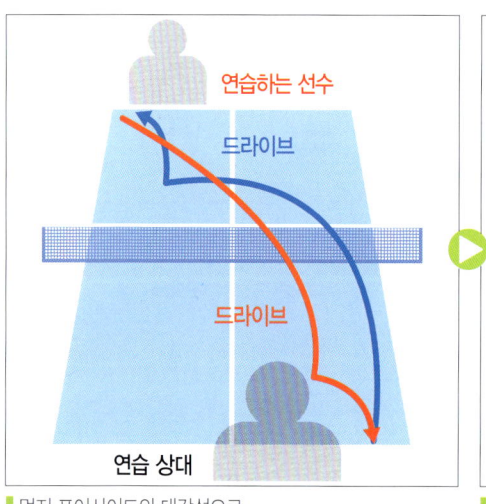

먼저 포어사이드의 대각선으로 드라이브 랠리를 한다.

가끔 높이 뜬 공을 주문해 스매시로 되받아친다.

CHECK!

1. 하체 활용하는 방법
허리를 회전해야 한다. 백스윙과 팔로스루 때는 무릎을 펴지 말자.

2. 파고들기
충분히 안쪽으로 파고들지 않으면 위력 있는 스매시를 칠 수 없다.

3. 라켓 각도
라켓면이 탁구대와 수직이 되도록 잡는다. 단, 친 공이 탁구대를 넘을 것 같으면 조금 기울여 친다.

Q&A | 스매시

Q 네트 가까이에 뜬 높은 공을 스매시하는 비결은 없나?

A 풋워크를 이용해 깊이 파고든다.

네트 가까이에 높이 뜬 공을 스매시하는 플레이는 의외로 어렵다. 이런 공을 치려면 풋워크로 깊이 파고들어가야 한다.

그 외의 방법으로는 풋워크로 탁구대 옆까지 돌아가는 것이다. 그러나 옆으로 돌아들어가는 것이 어렵다면 스윙법 자체를 바꾸는 방법도 있다. 예를 들어 펜홀더 그립을 사용한다면 셰이크핸드 그립처럼 잡고 내려치듯 스매시한다. 이처럼 한 가지 방법에 구애받지 않고 여러 가지 스윙법에 도전할 수 있는 것이 탁구의 묘미다.

네트에 가까운 공을 스매시할 때는 기본적으로 깊이 파고들어야 한다.

POINT TIP!
스매시를 치자

오랜 시간 탁구를 치다 보면 여러 가지 기술을 익힐 수 있지만, 나이가 들수록 힘은 약해지기 마련이다. 젊음의 무기는 힘이다. 중년 선수도 강한 공을 칠 수는 있지만 연속해서 강한 공을 치기에는 체력적으로 한계가 있다.

힘은 기술을 능가할 수 있을 만큼 강력한 무기다. 특히 젊은 선수는 강력한 스매시를 연습하기 바란다.

연습할 때도 스매시를 의식하는 것이 좋다.

스윙법 | 커트-드라이브

몸 전체로 발돋움하듯이 스윙한다

커트는 포핸드 커트(112페이지 참고)로 언더스핀이 걸린 공에 톱스핀을 거는 기술이다. 톱스핀 공을 톱스핀으로 되받아치기는 쉽지만 언더스핀으로 되받아치기는 어렵다. 따라서 커트를 익히면 초보자 딱지를 뗄 수 있다.

커트는 크게 두 가지로 나눌 수 있다. 첫째는 지금부터 소개할 톱스핀을 강하게 거는 드라이브계이며, 둘째는 라켓을 수직으로 잡고 치는 방법(96페이지 참고)이다.

POINT 01
허리를 낮추면서 백스윙한다.

POINT 02
위로 발돋움하듯이 스윙한다.

커트-드라이브 스윙법

공에 맞춰 허리를 낮추고 백스윙을 한다.

발돋움하듯이 스윙하면서 공을 받는다.

전신의 탄력을 이용해 라켓을 휘두른다.

스윙 포인트①
백스윙은 허리를 낮추면서 한다

드라이브계 커트의 포인트 중 하나는 백스윙을 할 때 다른 스윙보다 허리를 낮추는 것이다. 그리고 몸 전체의 탄력을 이용해 발돋움하면서 문지르듯 공을 쳐올린다.

허리를 낮추고 백스윙을 한다.

POINT TIP!
상대방의 커트가 네트 가까운 곳으로 왔을 때의 플레이

네트 가까운 곳으로 온 상대방의 커트를 제대로 맞출 수 없다면, 공의 옆부분을 맞혀 되감아치는 방법도 있다.

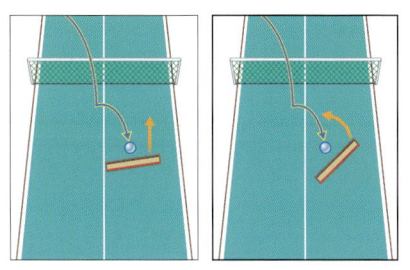

상대방의 커트가 네트 가까운 곳으로 와 치기 어려울 때는 왼쪽 그림보다 오른쪽 그림처럼 공을 되감아친다.

스윙법 | 커트-플랫 스윙

공이 바운드된 후 정점에 다다랐을 때 친다

라켓면이 탁구대와 수직을 이루게 한 다음 상대방의 언더스핀 공을 튕기듯 치는 것이 플랫 스윙이다. 평면 러버를 사용하는 선수가 주로 구사하는 스윙으로 드라이브계 커트보다 회전량은 적지만 빠른 공을 칠 수 있다.

POINT 01
라켓을 세워 비스듬히 앞으로 휘두른다.

POINT 02
바운드된 정점에서 공을 받는다.

커트-플랫 스윙

무릎을 구부리고 허리를 낮춘 기본자세를 취한다.

상대방 공의 구질과 방향을 파악해 백스윙을 시작한다.

공이 바운드되어 정점에 이르면 라켓을 앞으로 휘두른다.

공을 받을 때의 라켓 각도는 탁구대와 수직을 이루어야 한다.

라켓을 그대로 비스듬히 앞으로 휘두른다.

공을 친 후 바로 다음 공을 받을 자세를 취한다.

스윙 포인트①
라켓을 세워서 비스듬히 앞으로 휘두른다

플랫 스윙은 라켓을 탁구대와 수직을 이루도록 세워 그대로 비스듬히 앞으로 휘두르는 것이다. 드라이브에 비해 회전량과 안정성은 떨어지지만 훨씬 빠른 공을 칠 수 있다.

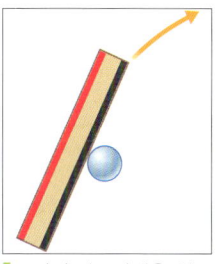
드라이브는 라켓을 위로 비스듬히 문질러 올리듯 친다.

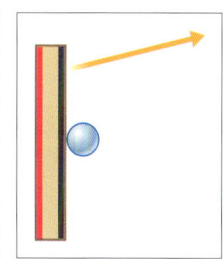
플랫 스윙은 라켓을 앞으로 비스듬히 휘두른다.

연습법 | 커트

커트맨이 없다면 3구째 공을 커트하는 연습을 한다

연습① 3구째 공을 커트하는 연습　　중급 ★★

날카로운 언더스핀을 구사하는 커트맨이 없다면 3구째 공을 커트 스윙하는 연습을 한다. 3구째 공은 서비스(1구째)와 리시브(2구째) 후에 자신에게 돌아온다. 커트를 연습하는 선수부터 서비스를 시작한다.

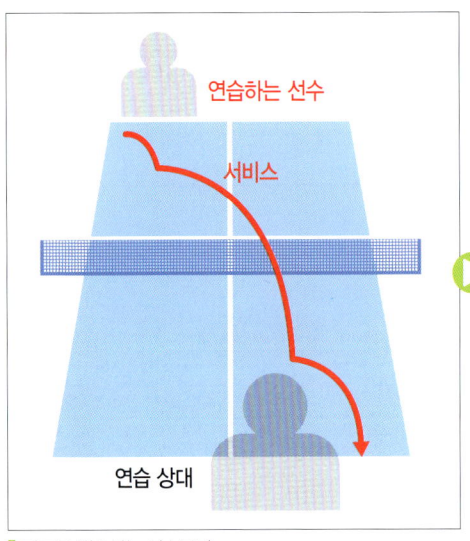

커트를 연습하는 선수부터 서비스를 한다.

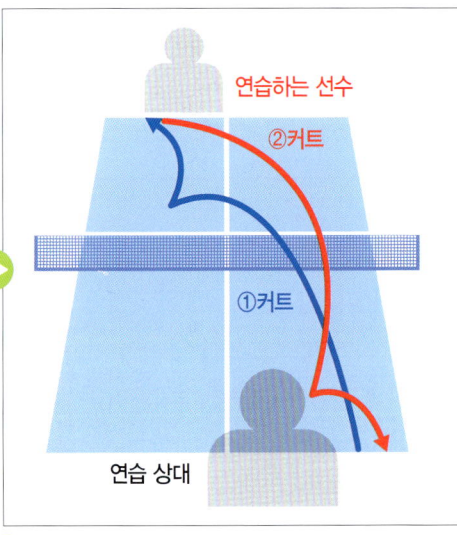

연습 상대에게 커트로 리시브를 해달라고 하고 커트로 되받아친다.

CHECK!

1. 정확성
스윙에 익숙해질 때까지 속도와 강도보다 상대방 진영에 공을 안정되게 보내는 것을 목표로 한다.

2. 공을 친 다음의 자세
드라이브는 전신을 사용하는 기술로 공을 친 다음 자세가 무너지기 쉬우니 주의한다.

3. 풋워크
풋워크를 이용하여 공을 치기 쉬운 위치로 빨리 이동한다.

연습② 커트맨과 랠리하기 중급 ★★

커트맨과 연습할 수 있다면 랠리를 하는 것이 가장 좋다. 대각선 커트(112페이지 참고)를 쳐달라고 주문하고 각각 드라이브와 플랫 스윙으로 되받아친다. 10번 이상 랠리할 수 있도록 한다.

■ 커트맨과 랠리를 한다. 커트를 쳐달라고 하고 드라이브와 각도 스윙으로 되받아친다.

연습③ 푸시 → 드라이브 상급 ★★★

커트맨과 연습할 때만 할 수 있는 실전에 가까운 연습이다. 드라이브계의 커트 스윙을 친 다음 커트맨이 앞으로 나오도록 상대방의 포어사이드 앞쪽에 커트(70페이지 참고)로 짧은 공을 보낸다.

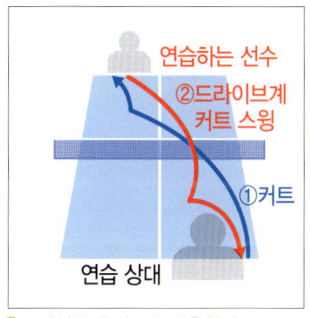

■ 드라이브계 커트로 대응한다.

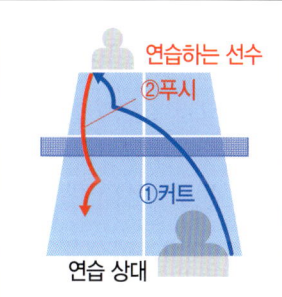

■ 상대방의 커트를 푸시로 되받아쳐 상대방 진영의 백사이드 앞으로 공을 보낸다.

POINT TIP!

플랫 스윙의 라켓 각도

플랫 스윙은 상대방이 커트나 푸시로 언더스핀을 건 공을 튕기듯 되받아치는 스윙이다. 상대방 공의 언더스핀이 날카로울수록 되받아치기가 어렵다. 따라서 라켓의 각도를 조절하면서 대응해야 한다. 공이 자꾸 네트에 걸린다면 라켓을 살짝 위로 향하게 잡는 것도 하나의 방법이다.

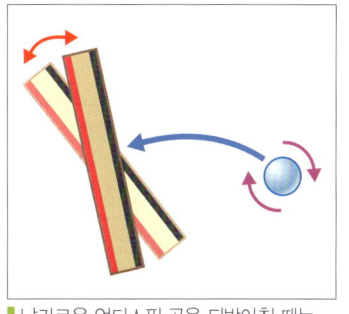

■ 날카로운 언더스핀 공을 되받아칠 때는 라켓이 위로 향하도록 각도를 조절한다.

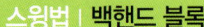

스윙법 | 백핸드 블록

몸의 중심에서 공을 받아 철벽 수비를 한다

탁구를 치다 보면 상대방의 공격에 휘말릴 때도 있다. 이럴 때 블록과 같은 수비형 스윙법으로 대응해 시합의 흐름을 바꿀 수 있다. 블록은 바운드된 공을 가볍게 맞혀 되받아치는 기술로 코스만 제대로 노린다면 득점을 올릴 수도 있다.

POINT 03
몸의 중심 가까이에서 공을 받는다.

POINT 01
넓은 시야를 확보한다.

POINT 02
바운드된 직후에 공을 친다.

백핸드 블록 스윙법

무릎을 구부리고 기본자세로 공을 기다린다.

공이 오는 방향에 맞춰 이동한 후 몸의 정면으로 공을 받는다.

라켓을 휘두르지 말고 가볍게 공을 맞춘다.

스윙 포인트①
넓은 시야를 확보한다

블록에만 집착하면 시야가 좁아진다. 항상 넓은 시야를 확보하면 블록이 안정되는 것은 물론 다음 공도 실수 없이 칠 수 있다.

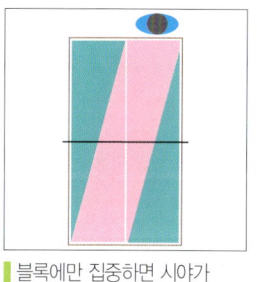
블록에만 집중하면 시야가 좁아진다.

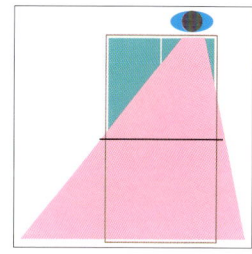
가능한 한 넓은 시야를 확보한다.

스윙 포인트②
바운드된 직후에 공을 친다

공을 받는 타이밍은 공이 바운드된 직후다. 되도록 빠른 타이밍에 공을 받자. 그래야 안정된 블록을 할 수 있다.

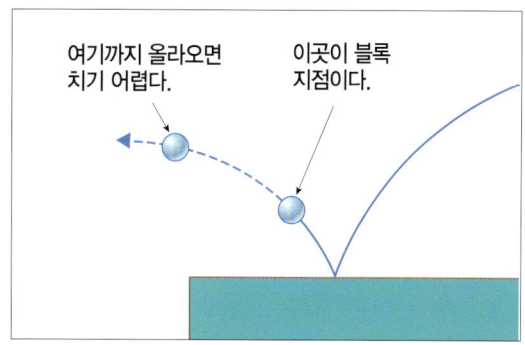
공이 바운드된 직후에 블록한다.

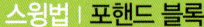 스윙법 | 포핸드 블록

맞추는 것만으로도 강력한 무기가 된다

포핸드 블록도 백핸드 블록과 마찬가지로 공이 바운드된 직후를 노리는 스윙법이다. 가장 중요한 포인트는 그저 '맞추는 것'이다. 처음에는 공을 맞혀 상대방 진영에 공이 정확히 들어가는 것을 목표로 삼자. 포핸드 블록은 백핸드 블록보다 어렵다. 따라서 안정되게 블록을 할 수 있을 때 카운터 공격을 펼칠 수 있으므로 확실히 익힐 때까지 반복해서 연습하자.

POINT 01
라켓에 맞추기만 한다.

POINT 02
바운드된 직후에 공을 받는다.

포핸드 블록 스윙법

허리를 낮추고
자세를 취한다.

강한 공이 오면 공이 오는 쪽으로
이동한다.

라켓을 휘두르지 말고
공을 맞히기만 한다.

스윙 포인트①
라켓으로 공을 맞히기만 한다

블록은 강한 공의 위력을 역으로 이용하는 스윙법이다. 라켓에 공을 맞히기만 하면 되므로 휘두를 필요가 없다. 타이밍에 맞춰 공이 바운드될 때 받는다.

라켓을 휘두르지 않도록 주의하자.

POINT TIP!
라켓을 휘두르지 않도록 주의하자

블록을 안정되게 구사하면 스매시(88페이지 참고)와 같이 강한 공을 받아 그대로 득점할 수 있다. 카운터 공격은 블록과 차이가 없지만, 블록보다 크게 백스윙을 하고 라켓을 앞으로 살짝 휘두른다.

리듬을 타면서 포핸드 스윙처럼 하되 임팩트는 짧게 한다.

공을 친 다음에는 라켓을 앞으로 살짝 휘두른다.

연습법 | 블록

처음에는 롱 서비스의 블록부터 한다

연습① 롱 서비스를 블록으로 되받아친다 　　초급 ★

탁구의 기술을 익히려면 쉬운 연습부터 시작해서 서서히 단계를 높여가는 것이 이상적이다. 먼저 연습 상대에게 롱 서비스(137페이지 참고)를 여러 코스로 쳐달라고 주문한 후 이를 블록으로 되받아치는 것이 가장 쉽다.

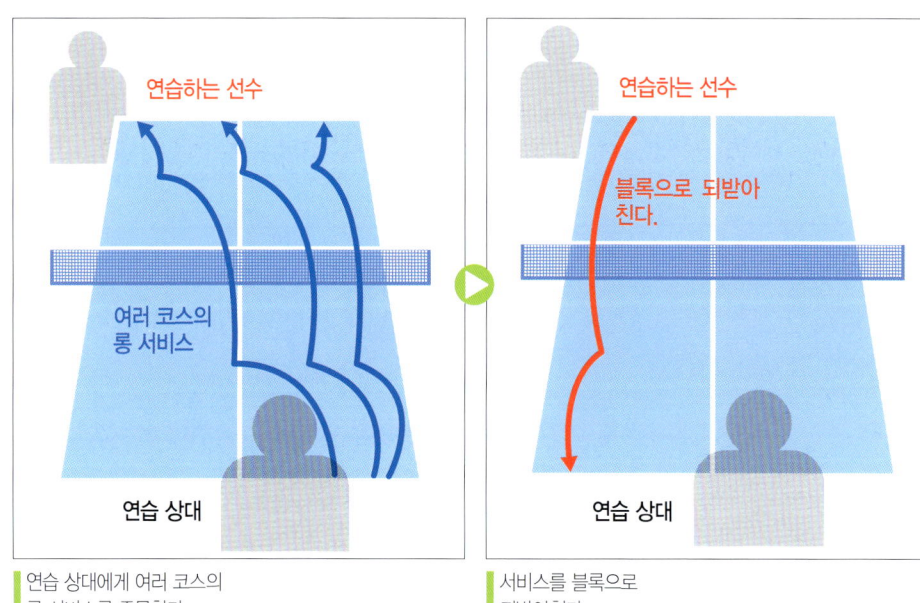

연습 상대에게 여러 코스의 롱 서비스를 주문한다.

서비스를 블록으로 되받아친다.

CHECK!

1. 라켓을 내미는 타이밍
당황하지 말고 공의 코스를 확인한 다음 라켓을 내민다.

2. 라켓을 맞추는 방법
상대방의 공에 현혹되어 너무 힘을 주지 말자. 익숙해질 때까지 라켓면을 수직으로 내밀어 공을 맞히는 것만 생각한다.

3. 잘 안될 경우
잘 맞지 않으면 연습 상대에게 탁구대에서 조금 떨어져 서비스를 해달라고 부탁한다.

| 연습② | **대각선 랠리** | 초급 ★ |

연습 상대에게 대각선으로 강한 공을 쳐달라고 주문해 이를 똑같은 대각선 코스로 블록을 구사해 되받아치는 랠리 형식의 연습이다. 익숙해지면 스트레이트 코스의 공도 주문한다.

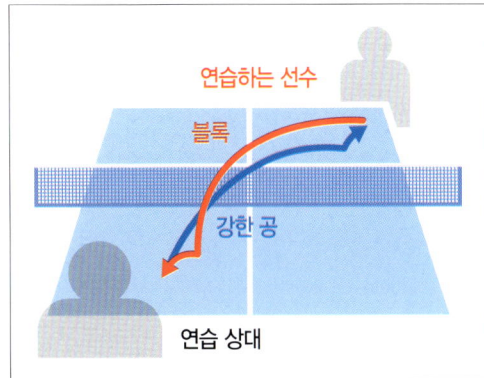

강한 공을 대각선으로 받아 블록으로 되받아친다.

| 연습③ | **대각선 랠리에서 스트레이트로** | 중급 ★★ |

연습②에서 발전한 연습법으로 블록으로 반격하는 공격이다. 강한 공격과 블록으로 랠리를 하다가 가끔 스트레이트 코스로 되받아친다.

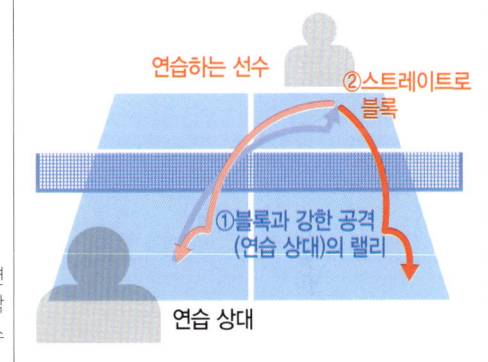

연습 상대는 강한 공격을, 연습하는 선수는 블록으로 대각선 랠리를 진행하다가 가끔 스트레이트로 되받아친다.

POINT TIP!

펜홀더 그립의 백핸드 블록

블록은 수비의 느낌이 강하지만 잘만 활용하면 상대방의 스매시와 드라이브의 위력을 그대로 살려 득점할 수 있다. 특히 펜홀더 그립은 백핸드를 강하게 치기 어려운데 블록으로 카운터 공격을 할 수 있다면 백사이드가 강화된다.

펜홀더 그립을 사용한다면 블록을 익히는 것이 좋다.

스윙법 | 로브

강한 회전으로 높이 쳐올려 공을 되돌린다

로브는 상대방의 드라이브(80페이지 참고)와 스매시(88페이지 참고)를 중진이나 후진에서 받아 높이 올려 되받아쳐 위기를 넘기는 일종의 드라이브다. 블록 이상의 수비적 기술이지만 강한 회전이 걸린 높은 공을 상대방의 엔드라인 쪽에 보낼 수 있다면 시합의 흐름을 바꿀 수 있다.

POINT 02
공을 문지르듯 쳐올려 높이 보낸다.

POINT 01
상대방 엔드라인 가까이에서 바운드 되도록 친다.

로브 스윙법

타이밍에 맞춰 크게 백스윙을 한다.

공을 문지르듯 쳐올려 높이 되받아친다.

라켓을 그대로 비스듬히 위로 휘두른다.

스윙 포인트①
엔드라인에 가까운 곳으로 공을 보낸다

로브로 되받아친 공은 상대방 진영에서 높이 바운드된다. 따라서 네트 가까이에서 공이 바운드되면 상대방이 쉽게 대응할 수 있어 득점을 내줄 수 있다. 로브를 구사할 때는 상대방 진영의 엔드라인 가까이에서 공이 바운드되도록 쳐야 한다.

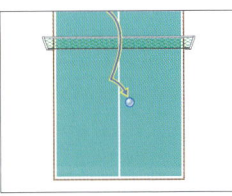
네트 가까이에서 공이 바운드되면 상대방이 스매시를 하기 쉽다.

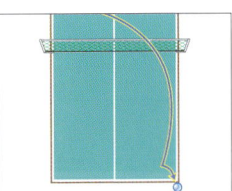
엔드라인 가까이에서 공이 바운드되면 상대방이 쉽게 되받아치지 못한다.

POINT TIP!

백로브

로브는 중진이나 후진에서 공을 치는 스윙법으로 백핸드로도 칠 수 있으면 이길 확률이 높아진다. 팔꿈치를 축으로 휘두르는 등 기본적인 스윙법은 백핸드 드라이브(82페이지 참고)와 같다. 포핸드의 로브와 같이 높은 공을 엔드라인 가까이로 보낼 수 있도록 연습한다.

팔꿈치를 축으로 라켓을 앞으로 휘둘러 엔드라인 가까이에 공을 보낸다.

  연습법 | 로브

먼저 로브 감각을 익힌다

연습① 정해진 코스로 강한 공을 로브한다 　　　　　　　　　　초급 ★

로브를 익힐 수 있는 초보적인 연습이다. 연습 상대에게 정해진 코스로 강한 공을 쳐달라고 하고 로브로 되받아친다. 처음에는 높이 치는 것에만 집중하는 것이 좋으며, 익숙해지면 상대방 진영의 엔드라인 쪽으로 공을 보낼 수 있도록 연습한다.

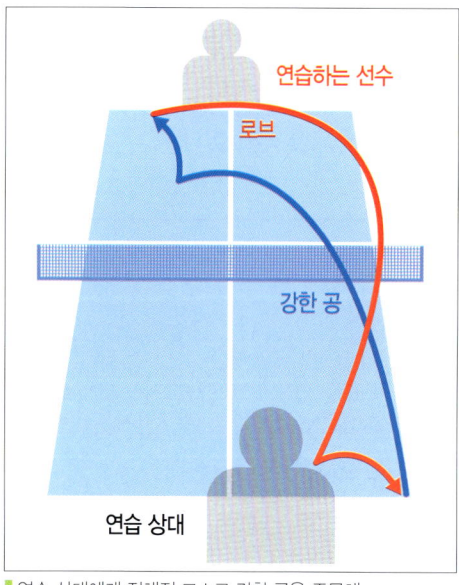

연습 상대에게 정해진 코스로 강한 공을 주문해 로브로 되받아친다. 이를 반복한다.

로브는 공을 높이 쳐올리는 스윙법이다.
상대방 진영의 엔드라인 쪽으로 공을 보낸다.

CHECK!

1. 상대방의 구질을 파악한다
공의 움직임을 읽어 로브를 구사하기 쉬운 위치를 파악한다.

2. 풋워크
풋워크를 이용하여 공을 칠 위치까지 이동한다.

3. 공을 떨어뜨리는 위치
공을 높게 치지만 말고, 바운드되는 위치를 확실히 인식한다.

| 연습② | **좌우 로브** | 중급 ★★ |

연습①에서 발전된 연습이다. 이 연습을 할 때는 코스를 정하지 말고, 연습 상대의 강한 공을 로브로 되받아친다. 공격하는 쪽과 로브를 치는 쪽 모두 활발하게 움직여야 한다.

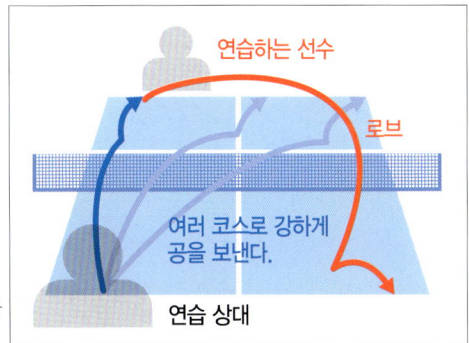

▌여러 코스로 강한 공을 받아 로브로 되받아친다.

| 연습③ | **전면에서 로브** | 상급 ★★★ |

연습 상대에게 강한 공을 주문하고 이를 로브로 상대방 코트의 네트 가까이에 보냈을 때 짧은 코스로 공을 쳐달라고 부탁한다. 이 연습에는 상당한 체력이 필요하다. 처음에는 코스를 정해서 연습하다 익숙해지면 어디로든 칠 수 있도록 단계를 높여보자.

▌중진에서 로브를 한다.

▌상대방의 공이 짧다면 재빨리 앞으로 이동한다.

▌공을 받았다면 되받아친다.

▌원래 위치로 돌아와 중진에서 로브를 한다.

Q&A | 로브

Q 상대방의 로브에 잘 대응할 수 없다. 해결책은 무엇인가?

A 자신의 얼굴 높이에서 공을 받는다면 실수를 줄일 수 있다.

상대방의 로브를 받아치는 것은 초보자에게는 매우 어려운 일이다. 실제 시합에서도 높이 뜬 로브 때문에 실수하는 선수가 종종 있다. 물론 실수를 하면 시합에서 이길 수 없다.

실수를 줄이려면 먼저 로브에 익숙해질 때까지 강하게 치지 말자. 공이 올라갈 때나 떨어질 때 자신의 얼굴 높이에서 칠 수 있다면 실수를 줄일 수 있다.

로브에 대처하는 방법

■ 공을 보고 백스윙을 한다. ■ 얼굴 높이에서 공을 받는다. ■ 그대로 자연스럽게 라켓을 휘두른다.

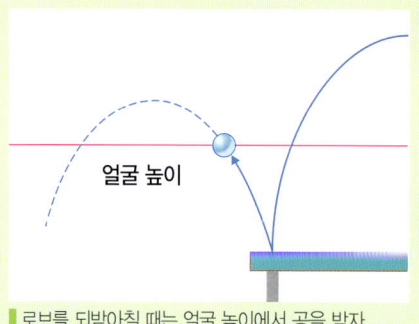

■ 로브를 되받아칠 때는 얼굴 높이에서 공을 받자. 바운드된 후 정점을 향할 때가 첫 번째 기회이다.

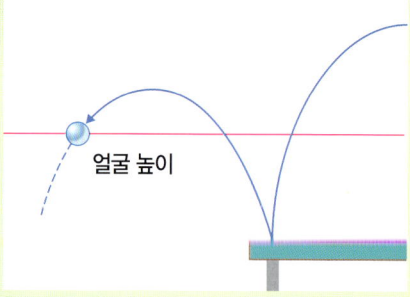

■ 정점을 넘어서 떨어지기 시작해 얼굴 높이에 왔을 때를 노려도 좋다.

Q 상대방의 로브를 이용해 득점을 올릴 수 있는 기술은 없나?

A 상대방 진영에서 공이 크게 바운드되지 않도록 치는 것도 로브에 효과가 있다.

얼굴 높이에서 공을 받은 것이 로브 대처법의 기본이지만 머리 높이에서 공을 받아 내려치면 득점을 올릴 수 있다. 또한 상대방의 로브가 바운드된 직후 라켓을 앞으로 내밀다 빼는 식으로 치면 공이 뜨지 않아 상대방이 대응하기 어렵다. 이 기술을 '스톱'이라 부르며 상대방의 로브를 무력하게 하는 데 상당한 효과가 있다. 단, 스톱은 매우 어려운 기술로 강한 공을 칠 수 있게 된 다음에 연습하는 것이 좋다.

이번엔 반대로 자신의 로브를 상대방이 스톱으로 되받아쳤을 때는 어떻게 해야 할까? 탁구대에서 멀리 있을 때 로브를 구사하는 경우가 많으므로 빨리 반응하지 않으면 공을 받을 수 없다. 그래서 로브를 친 선수는 항상 상대방의 움직임을 보고 스톱이 예상되면 민첩하게 앞으로 이동한다.

로브에 대처하는 강한 공

| 로브의 높이를 파악하고 백스윙을 시작한다. | 머리 높이에서 공을 받는다. | 상대방의 진영으로 공을 내려치듯 라켓을 휘두른다. |

로브에 대처하는 스톱

| 공이 떨어질 곳을 예측하여 재빨리 이동한다. | 공을 맞추는 순간은 라켓을 내밀다 빼는 느낌으로 한다. | 가능한 한 상대방 진영의 앞쪽에 공을 떨어뜨린다. |

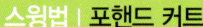

스윙법 | 포핸드 커트

공의 아랫부분을 감싸듯 친다

커트는 넓은 의미에서 보면 공에 언더스핀을 거는 방법으로, 일반적으로 상대방의 톱스핀 공에 반대로 언더스핀을 걸어 되받아치는 기술을 말한다. 현재는 톱스핀을 위주로 시합을 이끌어가는 선수가 많아 커트를 중심으로 한 플레이 스타일을 자주 볼 수 있다. 또한 커트는 상황에 따라 상당히 위력을 발휘하는 기술이므로 공격형 선수도 꼭 도전해보자.

POINT 01
공의 아랫부분을 감싸듯 친다.

POINT 02
라켓을 아래로 비스듬히 휘두른다.

포핸드 커트 스윙법

무릎을 구부리고 허리를 낮춘 자세를 취한다.

상대방의 공에 맞춰 백스윙을 시작한다.

공을 보고 타이밍에 맞춰 이동한다.

공의 아랫부분을 감싸듯 친다.

스윙으로 언더스핀을 건다.

라켓을 그대로 비스듬히 아래로 휘두른다.

POINT TIP!

커트맨과 리시브

커트맨이 되고 싶다면 리시브를 전부 커트로 대응하겠다는 마음으로 시합에 임한다. 실제로는 커트(70페이지 참고)처럼 생각될 때가 있지만, 커트의 감각으로 리시브를 하면 그 후의 랠리에서도 리듬감 있게 시합할 수 있다.

커트맨과 시합을 하는 선수는 대부분 크고 작은 서비스를 보내 커트맨의 자세를 무너뜨리려고 한다. 이에 대응하려면 공을 치기 쉬운 곳으로 움직일 수 있는 민첩한 풋워크가 필요하다.

커트맨에게는 민첩한 풋워크가 중요하다.

 스윙법 | 백핸드 커트

라켓을 어깨에서 밑으로 휘두른다

백핸드 커트는 라켓을 어깨 높이에서 밑으로 휘둘러 공의 아랫부분을 문지르듯 쳐서 언더스핀을 거는 스윙이다. 현재 활동 중인 커트맨 선수 중에는 라켓 뒷면에 돌출 러버나 롱핌플 러버를 붙인 경우가 많은데 이는 포핸드 커트의 구질과 차이를 주기 위함이다. 참고로 러버의 종류가 달라져도 스윙법을 바꿀 필요는 없다.

POINT 01 어깨까지 백스윙을 한다.

POINT 02 라켓을 밑으로 휘두르면서 팔꿈치를 펴준다.

백핸드 커트 스윙법

기본자세 그대로 무릎을 구부리고 허리를 낮춘 자세로 스윙을 시작한다.

어깨(얼굴 옆)까지 백스윙을 한다.

공의 아랫부분을 감싸듯 공을 받는다.

그대로 자연스럽게 팔꿈치를 펴면서 라켓을 아래로 휘두른다.

POINT TIP!

커트 시 발의 위치

커트에 능숙하다면 어느 쪽 발을 앞으로 내밀어도 언더스핀을 걸 수 있다. 그러나 처음에는 공을 받는 위치가 몸의 중심에서 오른쪽이면 왼발을, 왼쪽이라면 오른발을 앞으로 내미는 것이 좋다. 또한 왼발을 내밀었을 때는 포핸드, 오른발을 내밀었을 때는 백핸드로 친다.

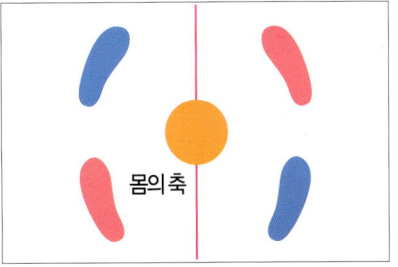

공을 받는 위치가 오른쪽이면 왼발이 앞인 파란색, 왼쪽이면 오른발이 앞인 분홍색 그림을 따른다.

  연습법 | 커트

목표는 어떤 공이라도 받아치는 것이다

연습① 한 코스로만 랠리 중급 ★★

커트를 구사해 이기기 위한 포인트 중 하나는 끈질기게 공을 받아치는 것이다. 처음에는 정해진 코스로만 쳐 안정된 커트를 익히자. 먼저 대각선으로 한 코스를 정해 연습 상대에게 드라이브(80페이지 참고) 등을 쳐달라고 주문한다. 그리고 이를 커트로 되받아치는 랠리를 시작한다. 처음에는 회전을 걸지 말고 코스와 공이 튀는 곳을 컨트롤하는 데 주력한다.

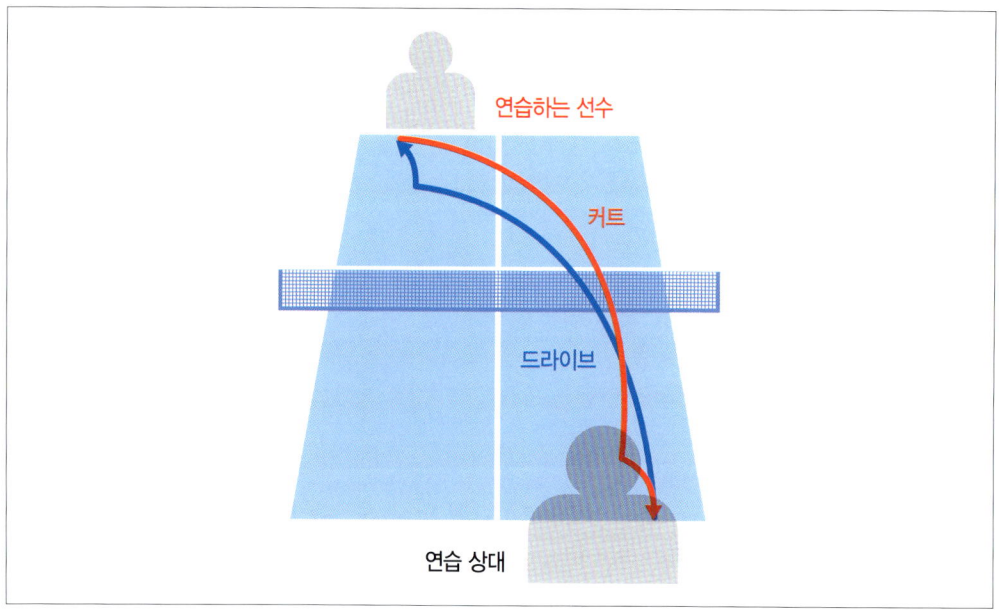

대각선의 한 코스를 정한 랠리 연습. 연습 상대방에게 가벼운 드라이브를 부탁해 커트로 되받아친다.

CHECK!

1. 발의 위치
항상 커트를 구사하기 쉬운 위치에 있을 수 있도록 발을 자주 움직인다.

2. 정확성
공을 높이 띄우지 말자. 자신이 원하는 곳에서 공이 바운드되도록 한다.

| 연습② | **코스와 공이 튀는 위치를 바꾼다** | 중급 ★★ |

포어사이드의 네트에서 가까운 곳과 먼 곳, 백사이드의 네트에서 가까운 곳과 먼 곳 등 총 네 개의 코스를 설정하고, 연습 상대에게 그 중 한 곳으로 공을 쳐달라고 한다(랠리 형식이든 많은 공을 차례로 보내든 상관없다.). 처음에는 '포어사이드의 네트에서 가까운 곳→ '백사이드의 네트에서 먼 곳'처럼 공을 받는 위치를 정해도 좋다. 최종적으로 어디든 상관없이 무작위로 공을 받아 되받아칠 수 있도록 연습한다.

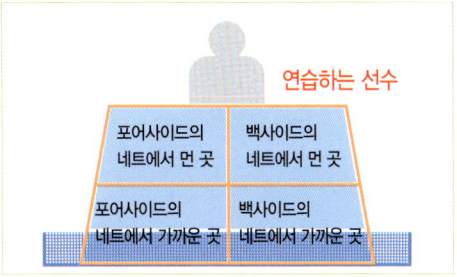

탁구대를 네 개의 영역으로 나눠 상대방에게 정해진 곳으로 공을 쳐달라고 부탁한다.

| 연습③ | **공격도 병행한다** | 상급 ★★★ |

현대 탁구에서는 커트맨이라도 커트만으로 시합을 이기기는 힘들다. 따라서 커트를 하면서 기회가 오면 스매시와 드라이브로 공격해야 한다. 연습②와 같이 코스를 정한 연습과 코스를 정하지 않은 무작위 연습을 하는 것이 좋다.

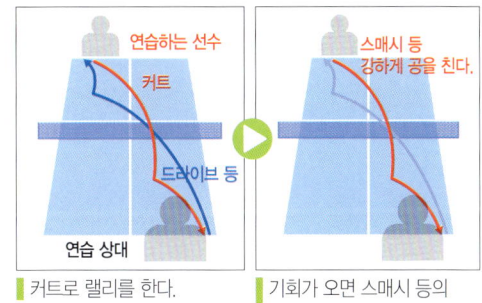

커트로 랠리를 한다.
기회가 오면 스매시 등의 기술로 공격한다.

POINT TIP!

커트맨의 공격과 블록

커트맨은 '끈질기게 커트를 하면서 상대방의 실수를 기다리는 전술'이라는 인식이 있다. 그러나 기술과 도구가 진화한 현대 탁구에서는 그것만으로는 결코 이길 수 없다. 스매시나 드라이브는 물론 단순히 커트를 하면서 기다리기만 하는 것이 아니라 상대방의 실수를 유도하는 기술을 익혀야 한다. 또한 강한 공을 전진에서 블록할 수 있다면 선택의 폭이 더욱 넓어진다.

커트맨이라도 단순히 상대방의 실수를 기다리기만 해서는 이길 수 없다.

Q&A | 커트

Q 몸쪽으로 오는 공을 커트하기 어렵다. 어떻게 하면 좋을까?

A 몸을 크게 열면 치기 쉬워진다.

커트는 다른 스윙에 비해 수비 범위가 넓다. 따라서 풍부한 운동량을 바탕으로 한 풋워크가 필요하긴 하지만 자신과 멀리 떨어진 곳으로 날아오는 공을 처리하는 데 가장 적합한 스윙법 중 하나다.

그러나 커트로 대응하기 어려운 것이 바로 몸쪽 공이다. 몸쪽으로 온 공을 커트로 되받아치려면 풋워크로 재빨리 이동한 다음 자세를 취하는 것이 가장 좋지만, 그것이 어렵다면 포어사이드로 몸을 크게 열어 자세를 낮추면 잘 받아칠 수 있다.

몸쪽 가까이 오는 공을 커트하는 방법

풋워크를 사용해 몸을 움직여 자세를 바로잡는 것이 좋지만, 상황에 따라서 몸을 크게 열어 대처한다.

몸을 열어 자세가 낮아져도 공의 밑부분을 감싸듯 치는 기본은 변하지 않는다.

Q 커트에 익숙해졌다고 생각했는데 득점을 할 수 없다.

A 여러 가지 변화를 줄 수 있으면 공격의 폭이 넓어진다.

커트는 톱스핀 공에 비해 속도가 느려 상대방이 내 공에 익숙해지면 득점하기 어려워진다. 이런 경우에는 같은 커트라도 여러 가지 변화를 주면 시합을 유리하게 이끌어 갈 수 있다. 지금부터 두 가지 방법을 소개하니 참고하기 바란다.

①날카로운 커트, 날카롭지 않은 커트(무회전 커트)

공의 회전량으로 변화를 준다. 날카로운 커트(강한 회전이 걸린 커트)는 공의 진행방향에 맞춰 라켓을 예각으로 세워 손목의 스냅을 이용해 회전을 건다.

반면 날카롭지 않은 커트(회전이 걸리지 않은 커트)는 공의 진행방향에 맞춰 라켓을 둔각으로 세워 손목의 스냅을 이용하지 않는다.

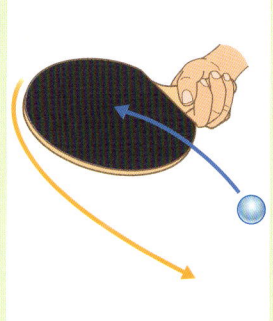
날카로운 커트는 공의 진행방향에 맞춰 라켓을 예각으로 세우고 손목의 스냅을 이용한다.

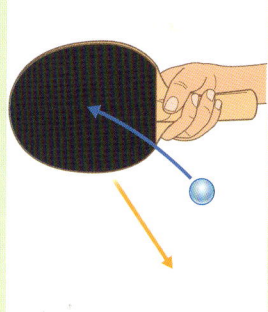
날카롭지 않은 커트는 공의 진행방향에 맞춰 라켓을 둔각으로 세우고 손목의 스냅을 이용하지 않는다.

②사이드스핀 커트

커트에 사이드스핀을 걸어 상대방이 예상하기 어려운 변화를 줄 수 있다. 세계 최고 선수들은 여러 가지 방법으로 공에 변화를 준다.

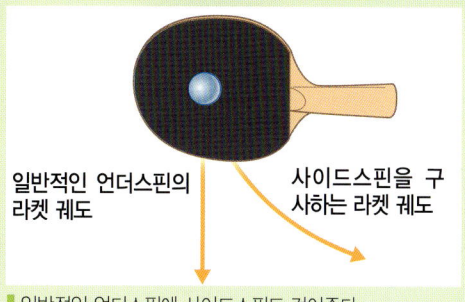
일반적인 언더스핀의 라켓 궤도 / 사이드스핀을 구사하는 라켓 궤도

일반적인 언더스핀에 사이드스핀도 걸어준다.

스윙법 | 푸시 쇼트
팔꿈치를 펴고 공을 튕긴다

일반적인 쇼트(62페이지 참고)에 밀어내거나 회전을 걸어 되받아치는 등 쇼트에도 다양한 변화를 줄 수 있다(여기서는 펜홀더 그립을 사용한 사진을 실었지만 셰이크핸드 그립도 스윙법은 같다.). 이런 변화를 준 쇼트 중에서 가장 많은 선수가 구사하는 것이 푸시 쇼트다. 푸시 쇼트는 보통 쇼트보다 강하게 공을 튕겨 위력적인 공을 칠 수 있다. 펜홀더 그립을 사용하는 공격적인 선수라면 꼭 익히라고 권하는 기술이다.

▌일반적인 쇼트보다 라켓을 조금
▌몸쪽으로 끌어당긴다.

▌공이 바운드되어 정점에
▌이르기 전에 받는다.

▌그대로 라켓을 앞으로
▌밀어낸다.

다른 각도에서 본 사진

▌좋은 타이밍에 바운드된
▌공을 받는다.

▌팔꿈치를 펴면서 라켓을 앞으로
▌내밀어 공을 튕긴다.

스윙법 | 사이드스핀 쇼트

바운드된 후의 변화를 노린다

사이드스핀 쇼트는 공에 사이드스핀을 걸어 공이 상대방 진영에서 바운드된 후에 코스가 변하는 것을 노린 쇼트다. 아래 사진과 같이 오른손잡이 선수가 라켓을 왼쪽으로 휘두르면 공이 상대방 진영의 백사이드로 가고, 반대로 오른쪽으로 휘두르면 포어사이드로 들어가는 사이드스핀을 걸 수 있다.

사이드스핀 쇼트 스윙법①

백스윙을 너무 크게 하지 않는다.

공이 바운드되어 정점에 이르기 전에 받는다.

팔꿈치를 펴면서 라켓을 앞으로 휘두른다.

사이드스핀 쇼트 스윙법②

백스윙을 작게 한다.

바운드된 공이 정점에 이르기 전에 받는다.

라켓을 기울인 채로 오른쪽으로 휘두른다.

스윙법 | 너클 쇼트

라켓을 위로 향하게 하여 맞힌다

라켓을 살짝 위로 향하게 하여 공을 맞히면 톱스핀이 걸리지 않은 무회전 너클 쇼트를 칠 수 있다. 상대방이 구질을 읽을 수가 없어 시합에서 큰 위력을 발휘한다. 감감을 익힐 때까지 연습하자.

■ 백스윙을 작게 한다.

■ 바운드된 공이 정점에 이르기 전에 받는다.

■ 강하게 밀어칠 필요는 없다.

다른 각도에서 본 사진

■ 구질과 방향을 파악해 미리 이동한다.

■ 바운드된 공이 정점에 이르기 전에 받는다.

■ 가능한 한 공에 회전이 걸리지 않도록 무리하게 휘두르지 않는다.

스윙법 | 무회전 롱핌플 쇼트

롱핌플 러버로 예측할 수 없는 회전을 건다

롱핌플 러버 라켓을 살짝 위로 향하게 하여 밀어내면 보통 쇼트와 같이 톱스핀이 걸리지 않는 무회전 또는 언더스핀의 공을 칠 수 있다. 상대방이 구질을 예측할 수가 없어 실수하기 쉽다.

▌롱핌플 러버를 사용한다. 무릎을 굽히고 기본자세를 취한다.

▌공에 맞춰 라켓의 각도를 조절한다.

▌손목을 사용하지 않고 라켓을 그대로 가볍게 휘두른다.

POINT TIP!

변화를 준 쇼트는 펜홀더 그립의 활로

현재 80% 이상의 선수가 셰이크핸드를 사용하고 있어 셰이크핸드 그립이 펜홀더 그립보다 합리적이라는 생각이 일반화되고 있다. 그러나 펜홀더 그립으로 셰이크핸드 그립으로는 칠 수 없는 변화무쌍한 백핸드 쇼트를 구사할 수 있다. 반대로 말하면 펜홀더 그립을 사용하면서 백핸드 쇼트를 제대로 구사할 수 없는 선수는 시합에서 이길 수 없다는 뜻이다. 펜홀더 그립을 사용하는 선수는 이면타법(126페이지 참고)과 함께 변칙 쇼트를 익히자.

▌펜홀더 그립을 사용하는 선수는 변칙 쇼트를 익히도록 하자.

익숙해지면 실전에 가까운 연습을 하자

연습① 변칙 쇼트를 섞은 랠리

변칙 쇼트는 수비 일변도의 백핸드 쇼트(62페이지 참고)를 득점력 있는 공격적인 기술로 바꿔준다. 그러나 공격하려는 마음이 너무 앞서 실수하지 않도록 제대로 연습하자. 기본적인 연습법 중 하나는 백사이드 크로스로 쇼트 랠리를 하다 가끔 변화를 준 쇼트를 치는 것이다. 이 연습의 상대방은 연습하는 선수가 친 공을 안정적으로 되받아칠 수 있을 만큼 실력이 있어야 한다.

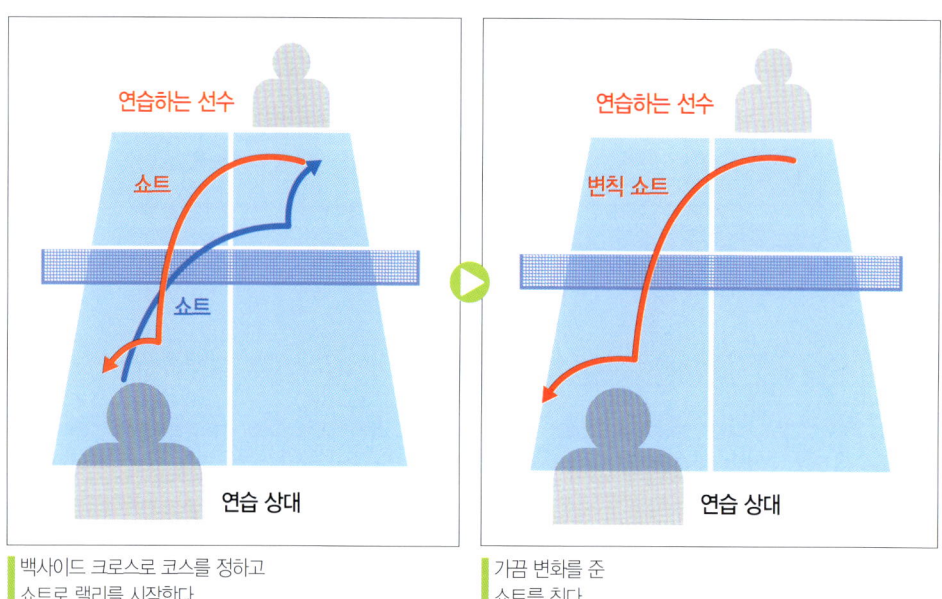

백사이드 크로스로 코스를 정하고 쇼트로 랠리를 시작한다.

가끔 변화를 준 쇼트를 친다.

CHECK!

1. 정확성
일반 쇼트와 마찬가지로 실수를 줄여 상대편 진영에 공을 확실히 보내는 것을 목표로 한다.

2. 안정성
실전이라 생각하면서 변화를 준 쇼트를 친 다음에도 랠리를 계속한다.

| 연습② | **변칙 쇼트와 콤비네이션** | 상급 ★★★ |

난이도가 높은 복합적 연습이다. 코스를 바꾸면서 여러 가지 변칙 쇼트를 친 다음, 마지막으로 스매시와 드라이브 등의 다른 기술을 이어 친다. 변칙 쇼트 후, 다음 공에 대한 준비가 늦을 수 있으니 빨리 다음 동작을 취하도록 하자. 여기에 소개한 것 이외에도 쇼트와 함께 구사할 수 있는 기술은 여러 가지가 있으니 실전이라고 생각하고 여러 조합을 연구하자.

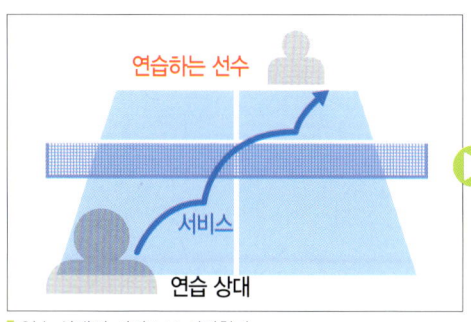
▎연습 상대의 서비스로 시작한다.

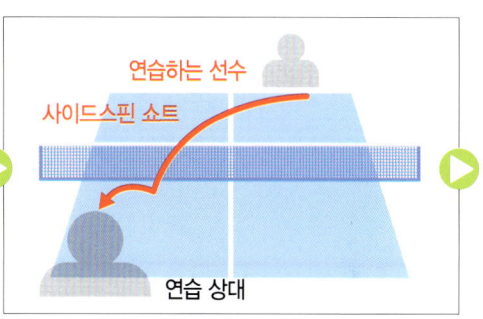
▎사이드스핀 쇼트로 연습 상대의 백사이드로 공을 보낸다.

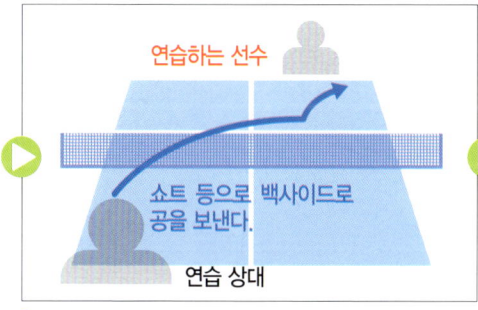
▎백사이드에서 공을 받는다.

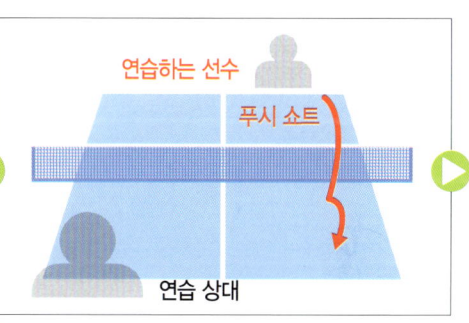
▎스트레이트 코스로 푸시 쇼트를 친다.

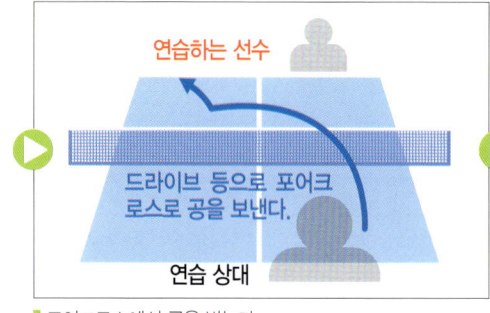
▎포어크로스에서 공을 받는다.

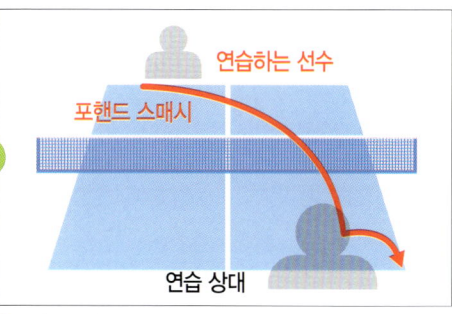
▎포핸드 스매시로 되받아친다.

CHAPTER 03 다양한 스윙 기술 | 125

스윙법 | 이면타법

팔꿈치를 기점으로 호를 그리듯 라켓을 휘두른다

이면타법이란 펜홀더 그립의 뒷면으로도 공에 대응하는 것을 말한다. 펜홀더 그립은 포핸드와 백핸드 모두 라켓의 한 면으로만 치는 것이 기본이었지만, 1990년대 중반부터 중국인 선수를 중심으로 이면타법을 구사하는 일류선수가 탄생하게 되었다. 방법은 팔꿈치를 축으로 호를 그리듯 스윙하는 것이다. 특히 리시브할 때 위력을 발휘한다.

POINT 01
라켓의 뒷면을 상대방에게 보여주듯 휘두른다.

POINT 02
팔꿈치를 축으로 스윙한다.

이면타법 스윙법

무릎을 구부리고
중심을 낮춘다.

타이밍에 맞춰 스윙을 시작한다.
스윙의 기점은 팔꿈치다.

라켓의 뒷면으로 공을
정확하게 받는다.

손목을 뒤집으며
자연스럽게 휘두른다.

스윙 포인트①
라켓의 뒷면을 상대방에게 보여주듯 휘두른다

라켓의 뒷면을 상대방에게 보여주는 궤도를 그린다. 팔꿈치를 기점으로 백스윙할 때는 라켓의 끝을 밑으로, 팔로스루를 할 때는 위를 향하도록 손목을 부드럽게 활용한다.

라켓을 휘두르기 시작했을 때는
라켓 끝이 밑을 향하게 한다.

손목을 자연스럽게 활용하여
라켓 끝이 위를 향하도록 한다.

연습법 | 이면타법

셰이크핸드 그립의 백핸드와 같은 요령으로 연습한다

연습① 백크로스 랠리

쇼트(62페이지 참고)에 익숙한 선수는 이면타법에 위화감을 느낄지 모른다. 그러나 몸을 움직이는 방법은 셰이크핸드 백핸드(64페이지 참고)에 가까워, 연습을 하다 보면 자연스럽게 익힐 수 있다. 이면타법을 익히기 위한 연습으로 백크로스 랠리를 추천한다. 연습 상대에게 쇼트를 쳐달라고 부탁하고 드라이브와 같은 이면타법으로 되받아친다. 실수하지 않고 랠리를 30번 이상 하는 것을 목표로 하자.

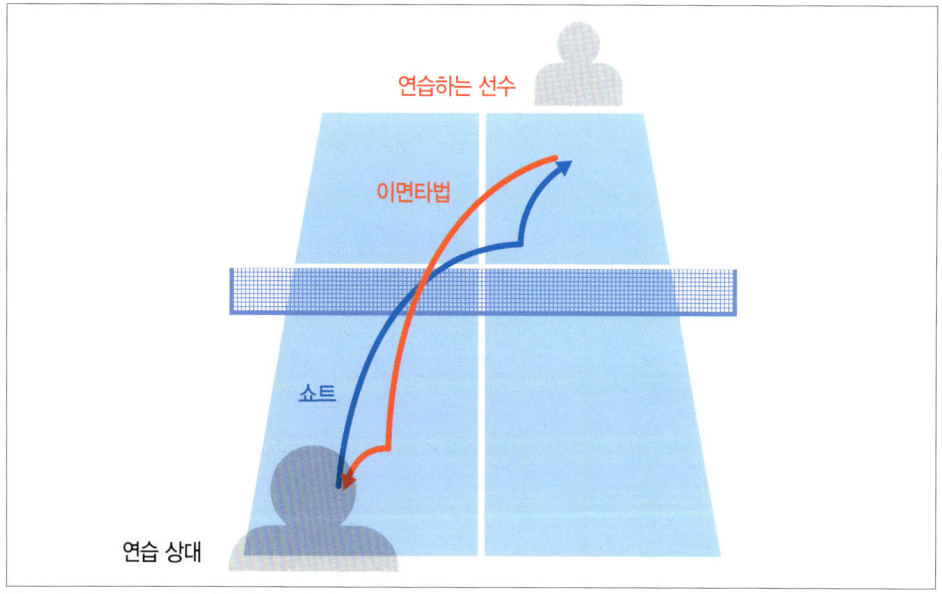

코스를 백크로스로 정한 랠리. 연습 상대에게 쇼트를 쳐달라고 하고 이면타법으로 되받아친다.

CHECK!

1. 팔꿈치의 위치
스윙의 축이 되는 팔꿈치는 언제나 일정한 곳에 두어야 한다. 너무 낮추는 것은 금물이다.

2. 공의 회전
공이 네트 위에서 호를 그릴 수 있을 만큼 톱스핀을 건다.

| 연습② | **백핸드와 콤비네이션** | 상급 ★★★ |

이면타법에서 포핸드나 그 반대로의 전환은 그리 어렵지 않다. 그러나 같은 백핸드로 변칙 쇼트(120페이지 참고)나 드라이브(82페이지 참고), 이면타법과 같은 여러 가지 스윙법을 자유자재로 구사하려면 역시 연습으로 익숙해져야 한다. 이를 위해서는 아래의 기술들을 같이 연습해야 한다. 여기에서 소개한 것 이외에도 여러 가지 기술을 조합하여 연습하면 자신만의 비법을 찾을 수 있다.

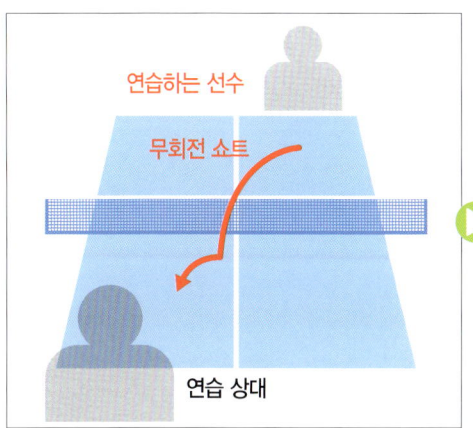

코스를 백크로스로 고정하고 스윙법을 바꿔간다.
먼저 무회전 쇼트로 공을 친다.

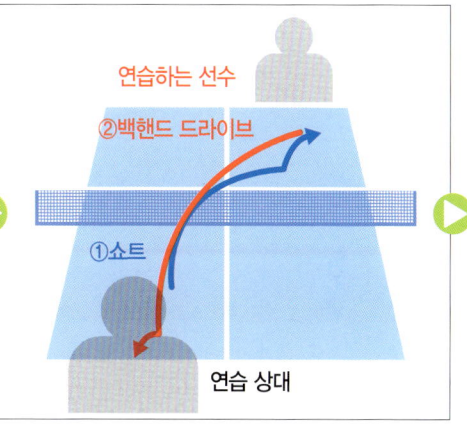

연습 상대가 쇼트로 공을 치면
백핸드 드라이브로 되받아친다.

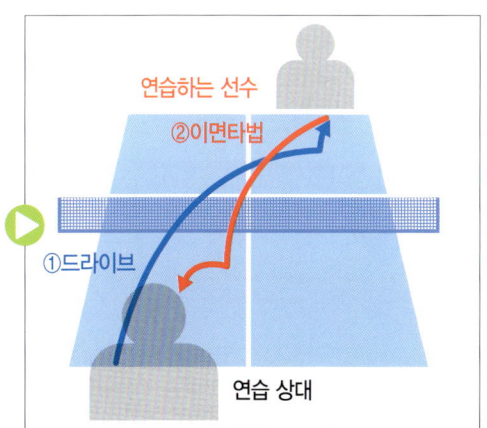

톱스핀이 걸린 드라이브로 공이 넘어오면
이면타법으로 되받아친다.

이면타법의 요령은 백핸드와 비슷하다.
포인트는 팔꿈치를 기점으로 스윙하는 것이다.

Q&A | 이면타법

Q 현재 펜홀더를 사용하고 있는데, 이면타법을 구사할 수 있나?

A 전술의 폭이 넓어지므로 이면타법을 꼭 익히자.

현대 탁구의 주류 전술이 올라운드인 것에서도 알 수 있듯이 여러 가지 기술을 구사할 수 있어야 시합을 유리하게 이끌어 갈 수 있다. 따라서 이면타법도 반드시 적극적으로 익히도록 하자.

백핸드 쇼트(62페이지 참고)와 이면타법의 수비 범위를 살펴보면 백핸드 쇼트는 정면이나 이면타법은 몸의 중심에서 왼쪽(백사이드 쪽)이다. 따라서 이면타법을 익히면 백사이드의 수비 범위를 넓힐 수 있다.

쇼트를 중심으로 시합을 하는 펜홀더 그립의 선수는 이면타법이 어렵게 느껴질 수도 있다. 그러나 한번 익혀두면 여러 가지로 활용할 수 있다는 것을 실감하게 된다. 이면타법을 자유자재로 구사하는 스타일이 앞으로 펜홀더 그립의 기본 전술이 될 것이다.

백핸드 쇼트와 이면타법의 수비 범위

백핸드 쇼트의 수비 범위는 몸의 정면에 가깝다.

이면타법의 수비 범위는 몸의 중심에서 왼쪽이다.

Q 뒷면으로 공을 치면 네트에 자주 걸린다.

A 팔을 옆구리에 꼭 붙이지 말고, 팔꿈치의 위치에 주의한다.

이면타법을 성공시키는 열쇠는 라켓을 잡은 팔의 위치에 있다. 라켓을 자연스럽게 휘두를 수 있도록 어느 정도 옆구리를 열고 팔꿈치를 고정시켜야 한다. 팔꿈치의 위치가 고정되면 라켓의 각도도 자연스럽게 고정되어 실수가 줄어든다.

팔을 옆구리에 꼭 붙이면 팔꿈치의 위치가 낮아져 편하게 스윙할 수 없다.

옆구리와 팔 사이에 어느 정도 공간을 두면 편하게 스윙을 할 수 있는 높이에 팔꿈치를 고정할 수 있어 실수가 줄어든다.

Q 탁구대 위로 오는 짧은 코스의 공을 잘 못 친다.

A 이면타법을 자유자재로 구사하게 되면 탁구대 위의 플레이가 편해진다.

이면타법의 매력 중 하나는 탁구대 위에서 편하게 플레이할 수 있다는 점이다. 그러므로 아직 이면타법을 익히지 않았다면 적극적으로 연습하자. 특히 리시브를 할 때 펜홀더 그립의 쇼트와 비교해 확실히 편해진다. 단지 블록을 펜홀더 그립 쇼트만큼 잘하기는 어려우니 충분히 연습해야 한다.

이면타법을 익히면 탁구대 위에서 편하게 플레이할 수 있다.

Table Tennis Column

새로운 장비의 개발이 새로운 플레이 스타일을 탄생시킨다

플레이 스타일에 영향을 미치는 룰 변경

탁구 장비, 특히 러버와 라켓에는 여러 가지 종류가 있다. 장비의 다양함은 탁구의 매력 중 하나지만 장비의 특징이 너무 강하면 탁구라는 경기 자체의 균형이 깨질 때도 있어 새로운 규정을 만들어 장비를 제한해왔다.

 탁구의 역사를 장비의 개발과 규정으로 되돌아보면 새로운 도구의 등장은 새로운 플레이 스타일을 낳았고 규정의 변경은 새롭게 탄생한 각각의 플레이 스타일에 유리함과 불리함을 가져왔다.

강했던 일본 선수

탁구가 시작된 것은 19세기 후반으로 한 선수가 테니스를 치려고 하다가 비가 와서 실내로 들어와 테이블 위에서 테니스와 비슷한 경기를 했던 것이 유래라고 한다. 당시에는 긴 손잡이가 달린 라켓으로 코르크 공을 쳤다고 하는데, 실제로 자료를 찾아보면 긴 손잡이의 라켓에 관한 기록은 찾아볼 수 없다.

 그 후 19세기 말에 셀룰로이드제의 공이 등장하면서 탁구라는 스포츠가 완성되었다. 이때 손잡이가 현재처럼 짧아졌고 러버를 라켓에 붙이게 되었다. 당시에는 스펀지가 없는 '1겹 러버'를 사용했는데 러버의 돌출된 면으로 공을 쳤고, 이 러버가 오랫동안 사용되었다. 1겹 러버는 현재의 스펀지 러버와 비교해보면 회전과 속도가 모두 빈약해 시합에서 랠리가 길게 이어졌다고 한다. 그래서 상대방의 실수를 기다리는 커트 전술이 주류를 이뤘고 커트맨끼리 시합할 때 1점을 득점하는 데 2시간 이상 걸린 적도 있다고 한다.

 그 후 일본에서 돌출 러버를 뒤집은 '평면 러버', 러버에 스펀지를 붙인 '소프트 러버'가 차례로 개발되어 상대방의 커트에 드라이브로 대응하는 드라이브 주전술이 탄생했다. 새로운 장비

를 무기로 드라이브와 스매시를 구사하는 공격형 스타일의 일본 선수는 1950년대 세계선수권대회에서 금메달을 독식했다. 이 때문에 국제탁구연맹은 규정을 개정해 러버의 두께 등을 규제하게 되었다.

그 후 유럽에서도 드라이브 주전술 선수가 등장하면서 일본과 경쟁하는 시대에 접어들었지만, 나중에 중국 선수가 스펀지에 1겹 러버를 붙인 돌출 러버를 무기로 전진공격형을 만들어 드라이브 주전술을 공략했다. 1970년대 이후 20년 넘게 중국이 패권을 쥘 수 있었던 원동력도 바로 돌출 러버를 사용한 전진공격형 선수들이다.

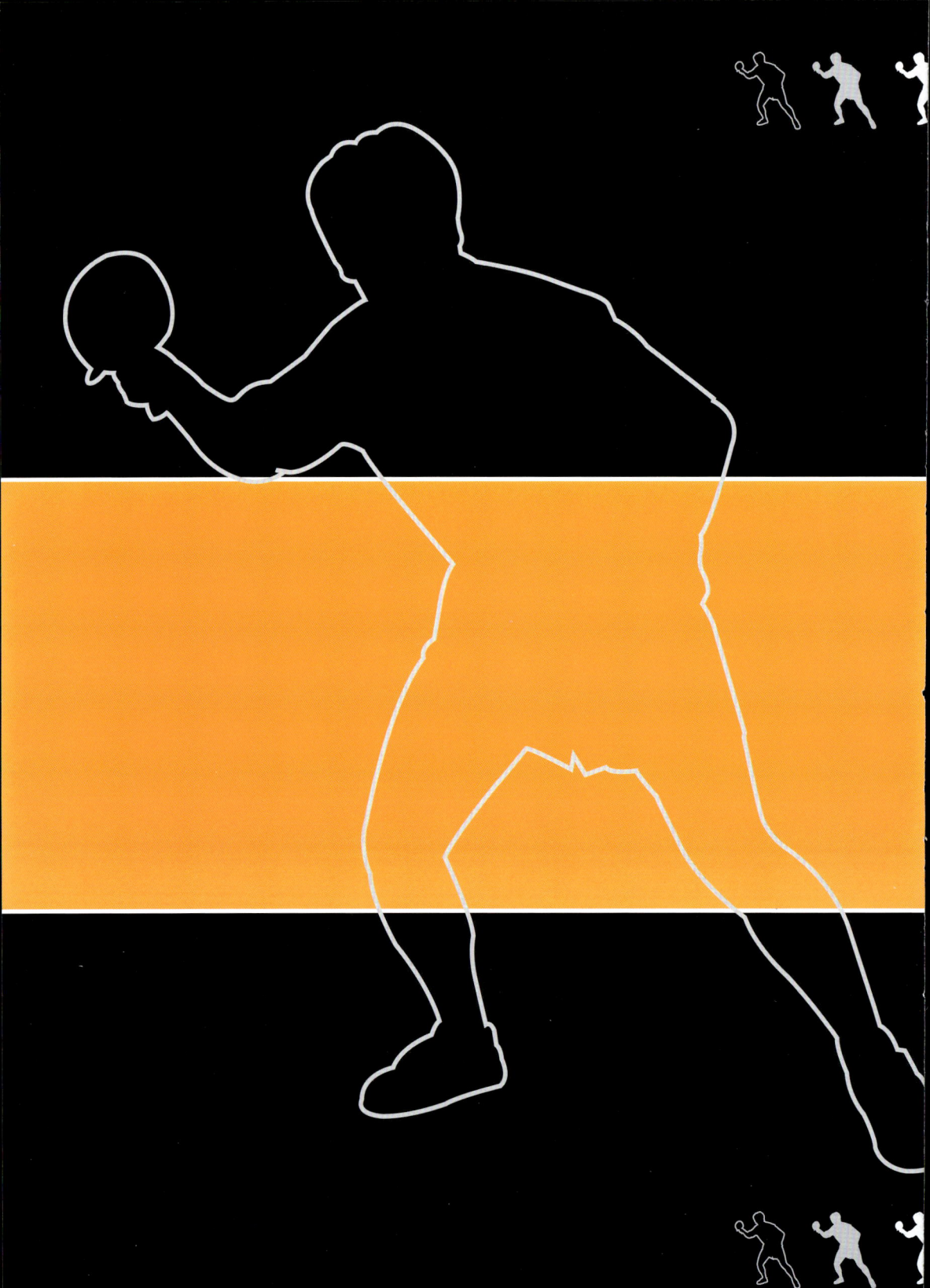

CHAPTER 04
서비스와 리시브
SERVICE & RECEIVE

스윙법 | 서비스

서비스의 종류①-언더스핀, 사이드스핀, 롱 서비스

탁구에는 여러 가지 서비스가 있는데 여기서는 회전의 종류별로 소개한다. 서비스에 영향을 미치는 요소로는 회전 외에도 속도, 코스, 위치(포어사이드에서 치는지 백사이드에서 치는지) 등이 있으며, 이런 요소에 따라 무한히 변화한다.

언더스핀 서비스

언더스핀 서비스는 시합에서 가장 많이 사용되는 서비스 중 하나다. 이 서비스를 치면 공이 밑으로 떨어지기 때문에 상대가 리시브를 강하게 할 수 없다. 서비스를 할 때는 네트를 겨우 넘길 수 있을 정도로 짧게 한다.

공을 바로 위로 높게 토스한다.

공의 밑부분을 문지르듯 쳐 언더스핀을 건다.

라켓을 그대로 가볍게 휘두른다. 가능한 한 짧은 서비스를 한다.

POINT TIP!

서비스의 중요성

탁구는 서비스로 시작된다. 그리고 서비스만이 상대방에게 좌우되지 않는 기술이다. 따라서 서비스를 잘하는 사람이 시합에 유리한 것은 당연한 이치다. 어떤 선수든 약점은 있다. 그 약점을 효율적으로 공략하려면 서비스를 연구해 여러 구질의 서비스를 구사할 수 있도록 연습해야 한다.

사이드스핀 서비스

사이드스핀 서비스는 공의 옆부분을 문지르듯 쳐 말 그대로 사이드스핀을 거는 서비스다. 이 서비스는 비교적 쉽게 받아칠 수 있지만 언더스핀으로 착각하거나 공이 바운드되는 곳을 파악하지 못해 리시브에 실패하는 경우가 많다.

공을 바로 위로 높게 토스한다.

공의 옆부분을 문지르듯 쳐 사이드스핀을 건다.

라켓면을 바깥쪽으로 향하게 한 다음 휘두른다.

롱 서비스

롱 서비스는 일반적으로 강하고 톱스핀이 걸리는 빠른 서비스를 말한다. 톱스핀은 언더스핀에 비해 치기 쉬워 코스가 정확하지 않으면 상대방이 쉽게 되받아치고 만다. 따라서 이 리시브에는 속도와 코스가 중요하다.

공을 바로 위로 높게 토스한다.

공의 윗부분을 문지르듯 친다.

라켓을 기울인 채로 휘둘러 톱스핀을 건다.

스윙법 | 서비스
서비스의 종류② – 무회전, YG, 웅크리고 앉기

무회전 서비스

무회전 서비스는 회전을 걸지 않은 서비스지만 언더스핀을 거는 느낌으로 공을 친다. 포인트는 라켓의 그립 부근에 공을 맞히는 것이다. 서비스의 위력은 약하지만 롱 서비스와 언더스핀 서비스 등 회전을 건 서비스와 번갈아가며 치면 상대방이 리시브를 할 때 실수를 유발할 수 있다.

공을 치기 쉬운 높이만큼 토스한다.

되도록 회전을 걸지 않는다.

라켓을 크게 휘두를 필요가 없다.

YG 서비스

YG(Young Generation) 서비스는 일반적인 포핸드의 사이드스핀과는 반대로 회전을 건다. 따라서 서비스를 받는 사람은 예측과는 다른 방향으로 공이 온다고 생각할 것이다.

일반적인 사이드스핀 서비스처럼 백스윙을 한다.

공을 치는 순간 손목을 바깥쪽으로 비틀어 일반적인 사이드스핀과는 반대로 회전을 건다.

공을 친 다음 보통 사이드스핀을 건 것처럼 움직여 상대방을 현혹시킨다.

웅크려 앉는 서비스(왕자 서비스)

공을 토스한 다음 웅크려 앉는 자세로 강하게 회전을 거는 서비스다. 사진은 오사카 왕자 탁구 클럽에서 개발한 왕자 서비스로 웅크려 앉는 서비스의 일종이다. 후쿠오카 하루나, 후쿠하라 아이 선수가 자주 구사한다.

토스한 공이 떨어지는 타이밍에 맞춰 백스윙을 시작한다.

웅크려 앉는 서비스는 라켓이 공의 바깥쪽을 통과하듯 치며, 왕자 서비스는 손목을 바깥쪽으로 빼 라켓이 공의 안쪽을 통과하듯 친다.

공에 사이드스핀을 걸면서 라켓을 그대로 휘두른다.

POINT TIP!

회전을 거는 방법

서비스의 중요 포인트는 공의 회전량이다. 무회전 서비스는 상관없지만, 일반적으로 날카로운 회전을 걸수록 강력한 무기가 된다. 스윙법에 따라 회전을 거는 방법이 다르지만 공통적으로 손목을 잘 활용해야 한다.

- 손목을 잘 활용한다. 힘을 주어 공을 문지르듯 치는 것보다도 공이 닿는 순간 라켓을 멈춘다는 느낌으로 친다.
- 언더스핀이면 공의 밑부분을, 사이드스핀이면 옆부분을 정확히 친다.
- 라켓의 끝부분으로 공을 친다. 반대로 무회전 서비스라면 그립 부근으로 공을 친다.

전술 | 서비스

서비스의 3요소

서비스의 중요한 요소를 '코스와 길이', '회전의 방향과 강도', '높이와 속도' 등 세 가지로 나누면 본질을 쉽게 이해할 수 있다. 아래의 세 가지 요소를 바탕으로 자신만의 전략을 생각해보자.

코스와 길이

코스

코스를 생각할 때는 탁구대의 가로를 '포어사이드', '미들', '백사이드'의 세 가지, 세로를 '앞', '뒤'의 두 가지로 나누는 것이 일반적이다. 아무리 회전이 날카로워도 코스가 정확하지 않으면 좋은 서비스라 할 수 없다. 따라서 자신이 원하는 곳에 공을 칠 수 있도록 하자.

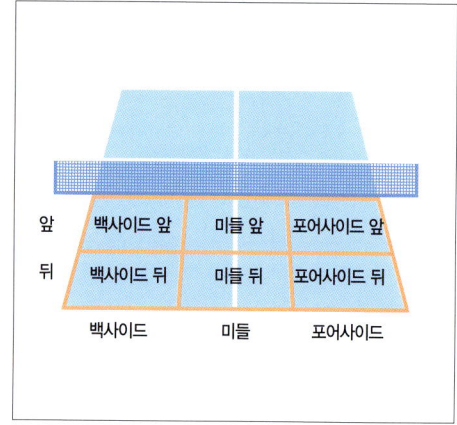

길이

상대방 진영의 코트 위에서 공이 두 번 튀는 서비스를 '쇼트 서비스', 반대로 공이 한 번만 튀고는 탁구대를 넘어가는 서비스를 '롱 서비스'로 분류한다. 탁구대에서 공이 한 번만 튀고 넘어간다는 말은 상대방이 탁구대 밖에서 공을 받을 수 있다는 것으로, 백스윙을 크게 하게 된다.

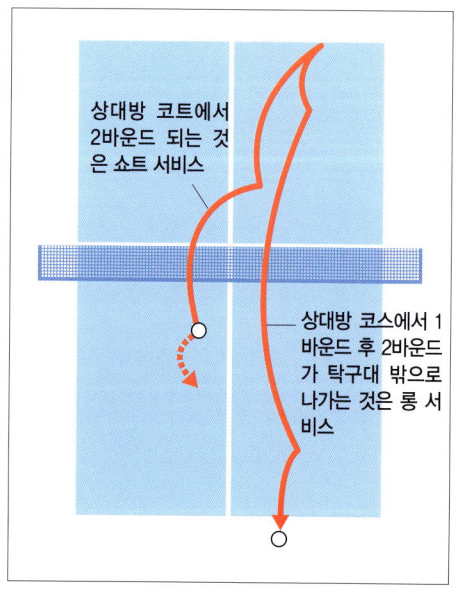

회전의 방향과 강도

언더스핀이 걸린 공을 치면 공이 밑으로 떨어지고, 사이드스핀이 걸린 공을 치면 받는 사람 쪽에서 봤을 때 회전하는 방향과 같은 쪽으로 튄다. 그리고 회전의 강도에 따라 영향을 받는 정도도 달라진다. 시합의 흐름을 젖혀두고 생각하면, 서비스의 회전이 날카로울수록 상대방이 영향을 받기 쉬워 실수할 가능성이 커진다.

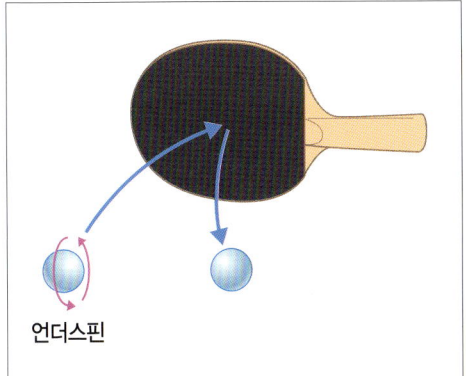

언더스핀이 걸린 공을 치면
공이 밑으로 떨어진다.

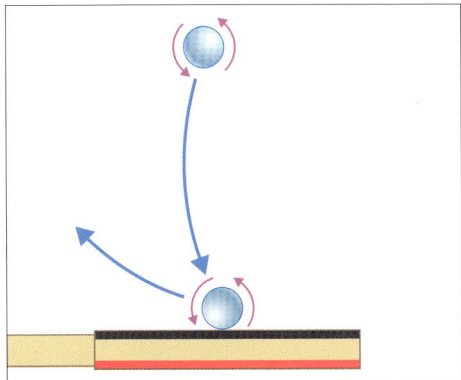

사이프스핀이 걸린 공을 치면
자신이 봤을 때 왼쪽으로 튄다.

높이와 속도

세 번째 요소는 서비스의 높이와 속도다. 다른 두 요소에 비해 가볍게 생각할지 모르지만, 상당히 중요한 요소다. 높이란 공이 바운드되는 높이로, 높이가 낮을수록 리시브하기가 어렵다. 반면 짧은 서비스가 높이 떠버리면 상대방이 강한 공을 치기 쉽다. 그리고 속도는 빠른 편이 무기가 된다. 특히 롱 서비스는 속도가 위력을 결정한다고 할 수 있다.

서비스할 때는 속도와 높이도
신경 쓰자.

규칙 | 서비스

서비스 규칙

서비스는 자신의 진영에서 한 번 바운드된 공이 상대방의 진영으로 들어가 또다시 바운드되도록 쳐야 한다. 시합을 좌우하는 중요한 요소인 만큼 여러 규칙이 존재한다. 실전에서 실수하지 않도록 연습할 때부터 규칙을 지켜 서비스하자.

공 잡는 법

오픈핸드 서비스라는 규정이 있어 서비스를 위해 토스를 할 때는 손바닥 위에서 공이 자유롭게 구를 수 있는 상태여야 한다.

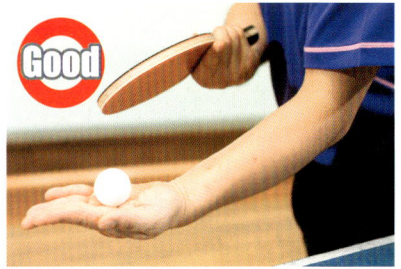

토스를 올릴 때는 손바닥 위에서
공이 자유롭게 구를 수 있어야 한다.

손가락을 구부리면 공이 손바닥 위에서
자유롭게 구를 수 없어 규정 위반이다.

공과 탁구대의 위치

서비스는 공을 손바닥 위에 올려놓는 것으로 시작한다. 공은 서비스를 시작할 때부터 칠 때까지 플레잉 서페이스(20페이지 참고)보다 높은 위치에 있어야 하며 서버 쪽 엔드라인보다 뒤에 있어야 한다.

탁구대보다 높은
위치여야 한다.

탁구대 위에서 토스하는 것도
규정 위반이다.

토스의 높이

토스를 할 때는 손바닥에서 16cm 이상 수직으로 공을 올려야 한다. 이 간격은 공이 손바닥에서 떨어진 순간과 정점에 오른 순간의 길이를 의미한다. 따라서 토스한 위치에서 공이 16cm 올라가도 규정 위반 판정을 받을 수 있다. 또한 공이 '수직'으로 올라가야 하므로 비스듬히 올리는 것도 금물이다.

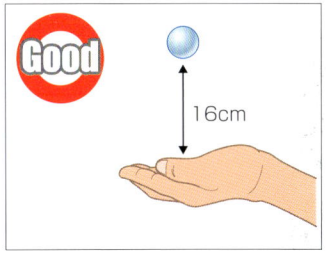
손바닥에서 공이 16cm 이상 올라가야 한다.

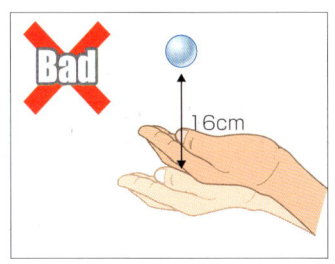
'토스한 위치에서 16cm'라는 규정을 위반했다.

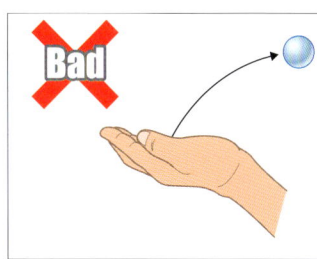
위로 비스듬히 올려서도 안 된다.

공과 몸의 위치

서비스를 할 때 손과 몸으로 공을 가려서는 안 된다는 규정은 여러 번 변경되었다. 2008년 현재의 규정을 보면 '공이 손바닥에서 떨어지면 라켓을 잡지 않은 쪽의 팔을 공과 지주대 사이에서 밖으로 빼야 한다'라고 명시되어 있다. 따라서 서비스를 할 때는 리시브하는 사람이 공을 볼 수 있도록 토스한 손 쪽의 팔을 이동해야 한다. 단, 규정에 '공과 지주대 사이의 바깥'이라고 되어 있기 때문에 팔이 나와 있다면 이동시킬 필요가 없다.

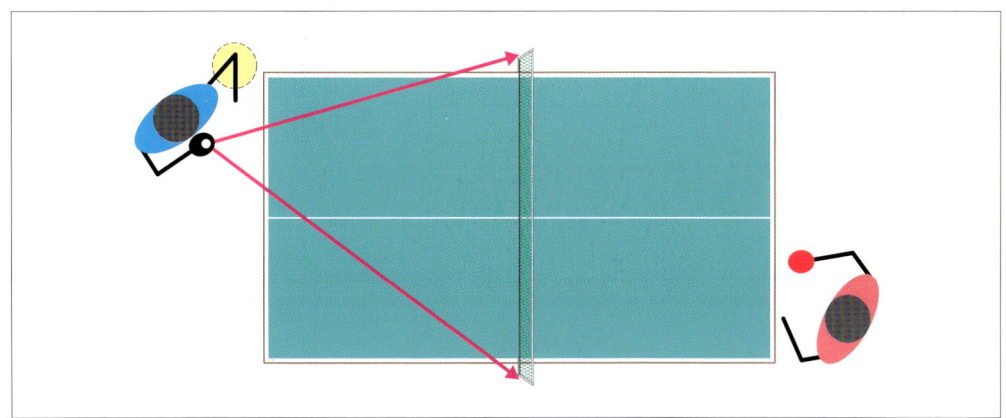
토스한 다음에는 라켓을 잡지 않은 쪽의 팔을 공과 지주대 사이의 밖으로 빼야 한다.

※여기서 소개하는 규정은 2008년 10월의 규정 기준이다.

연습법 | 서비스
공이 처음 바운드되는 곳에도 주의하자

연습① 서비스 코스로 공을 보낼 수 있도록 컨트롤한다 　　　　　　　　　　　초급 ★

어떤 서비스든 자신이 원하는 곳에 공을 보낼 수 있도록 컨트롤하는 기술이 필요하다. 새로운 서비스를 배우면 여섯 개의 영역(140페이지 참고) 중 한 곳으로 공을 보낼 수 있도록 연습하자. 컨트롤 연습을 하면서 주의할 점은 공이 처음 바운드되는 지점이다. 특히 길이를 컨트롤 할 때는 공이 처음 바운드되는 위치가 매우 중요하다.

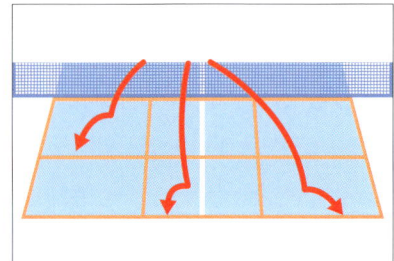

▌원하는 코스로 공을 보내는 서비스 연습

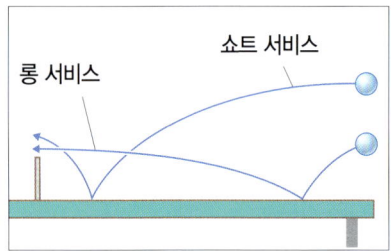

▌롱 서비스는 네트 가까이에서, 쇼트 서비스는 엔드라인 가까이에서 공이 바운드되도록 친다.

▌공이 처음 바운드되는 위치가 매우 중요하다.

CHECK!

1. 공이 처음 바운드되는 위치
코스의 컨트롤은 공이 처음 바운드되는 위치로 확인한다. 쇼트 서비스는 네트 가까이, 롱 서비스는 엔드라인 가까이에 떨어뜨린다.

2. 컨트롤
어떤 서비스든 정한 코스로 공을 보낼 수 있도록 연습한다.

연습② 커튼을 향해 친다 `초급 ★`

실제로 탁구대를 사용하지 않고도 커튼과 같이 부드러운 천을 향해 서비스하면 공이 얼마나 회전하는지 쉽게 확인할 수 있다. 회전이 잘 걸리지 않는다면 이 방법을 활용해보자.

커튼과 같은 부드러운 천에 공을 맞혀 서비스의 회전량을 확인하자.

연습③ 리시브→3구째 공까지 생각한다 `중급 ★★`

서비스에 익숙해지면 서비스를 한 다음 상대방이 리시브한 공을 받아치는 것까지 연습하자. 이 연습은 상대방도 리시브 연습을 할 수 있어 효율적이다. 이런 연습을 재밌게 하려면 한 가지 서비스만 하지 말고 두 가지 이상의 서비스를 적절히 섞는다. 참고로 다음과 같이 서비스를 조합할 수 있다.

- 포어사이드 앞 쪽의 언더스핀 서비스, 백크로스의 깊은 사이드스핀 서비스
- 백크로스의 롱 서비스, 백스트레이트의 롱 서비스

서비스를 하면서 상대방이 자신의 서비스 코스를 파악할 수 있게끔 하는 버릇이 있는지 확인하는 것도 좋을 것이다.

POINT TIP!

서비스 연습과 리듬

탁구는 리듬이 중요하다. 시합이든 연습이든 마찬가지다. 서비스를 연습할 때는 '①공을 손바닥에 얹는다', '②공을 토스한다', '③라켓을 휘두른다'와 같은 일련의 동작을 리듬감 있게 진행한다. 이렇게 연습하면 대부분의 서비스를 쉽게 익힐 수 있다.

서비스 연습도 리듬감 있게 한다.

Q&A | 서비스

Q 서비스 에이스를 노릴 수 있을 만큼 강한 서비스를 하고 싶다.

A 상대방이 어떻게 회전하는지 짐작할 수 없는 서비스로도 서비스 에이스를 노릴 수 있다.

　서비스에는 여러 가지 강한 서비스가 있는데 일반적으로 사이드스핀의 롱 서비스나 웅크려 앉는 서비스를 강하다고 한다. 그러나 '공이 어떻게 회전하는지 상대방이 파악할 수 없는 서비스'도 강하다고 할 수 있다. 특히 서비스 자세는 같지만 칠 때마다 회전하는 방향이 다른 서비스를 구사할 수 있다면 상대방은 상당히 당황할 것이다.

　예컨대 공이 라켓의 어느 부분에 맞느냐에 따라 똑같은 자세로 무회전 또는 언더스핀 서비스를 구사할 수 있다. 또한 포핸드의 사이드스핀 서비스는 스윙 중 공을 치는 타이밍을 살짝 바꾸는 것만으로도 다른 회전을 걸 수 있다.

공을 맞히는 위치와 회전의 관계

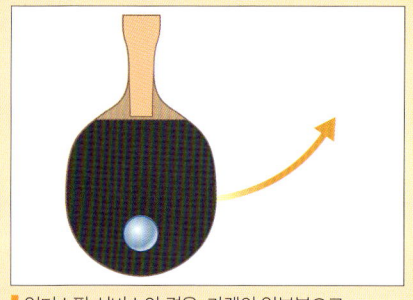
언더스핀 서비스의 경우, 라켓의 앞부분으로 공을 쳐야 회전이 걸리기 쉽다.

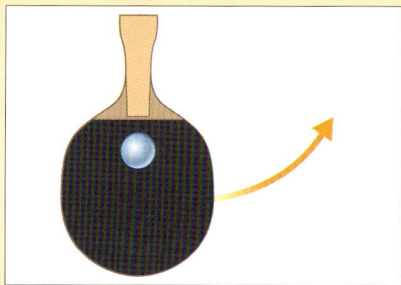
그립 부근으로 공을 치면 무회전 서비스가 된다.

포핸드 언더스핀 서비스와 사이드스핀 서비스

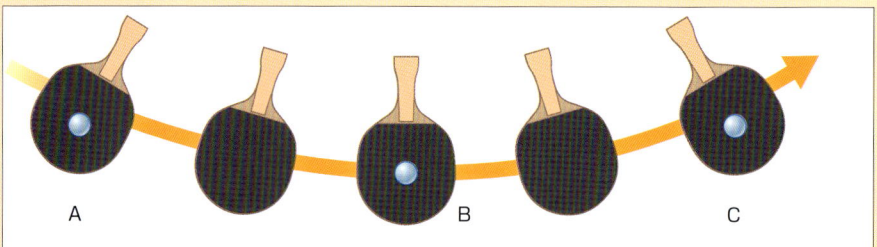
스윙을 하는 중에 A위치에서 공을 치면 비스듬한 언더스핀, B위치에서 치면 사이드스핀, C위치에서 치면 비스듬한 톱스핀이 걸린다.

Q 서비스에 집중해서인지 3구째 공을 받아칠 수 없다.

A 3구째를 공략하는 서비스도 상당히 중요하다.

서비스 에이스만 노리면 실수가 늘고 상대방이 눈치를 채고 역습할 수 있다. 따라서 서비스 에이스만 노리지 말고 상대방이 리시브하기 어려운 서비스(서비스하는 쪽에서 봤을 때 3구째 공으로 득점하기 쉬운 서비스)를 간간이 섞어서 구사해야 한다. 여러 가지 상황을 생각해 자신만의 서비스와 3구째를 공략할 전략을 세워보자.

서비스의 종류와 전술
- **서비스 에이스를 노린 서비스**
사이드스핀의 롱 서비스, 웅크려 앉은 서비스 등
- **3구째로 득점할 가능성이 큰 서비스**
언더스핀 또는 무회전 쇼트 서비스, 언더스핀 또는 톱스핀의 롱 서비스(랠리가 시작되기 쉽다.)

언더스핀 또는 무회전 쇼트 서비스, 언더스핀 또는 톱스핀의 롱 서비스가 3구째를 공략하기 쉽다.

Q 시합 중 서비스를 바꾸면 시합이 잘 안 풀린다. 좋은 방법이 없을까?

A 시합 전체의 리듬에 영향을 미치지 않도록 흐름을 생각하며 바꾼다.

서비스 방법을 바꾼 후 시합이 안 풀린다면 시합 전체의 흐름에 대해 다시 생각해봐야 한다. 예를 들어 드라이브 주전술이라면 드라이브(80페이지 참고)로 치기 쉬운 공이 오도록 언더스핀 서비스를 중심으로 전략을 세우는 것이 좋다. 중심이 되는 서비스를 하다가 가끔 서비스 에이스를 노리면 페이스가 크게 무너지지 않는다.

스윙법 | 리시브

리시브의 종류-커트, 플릭, 스톱

서비스가 다양한 만큼 리시브의 종류도 다양하다. 하지만 종류가 다양하다고 해서 미리 겁먹을 필요는 없다. 리시브의 기본을 확실히 익혀두면 각 서비스에 꼭 맞는 리시브를 할 수 없어도 어느 정도 대처할 수 있다. 먼저 기본부터 착실히 익히자.

커트 리시브

상대방의 서비스를 커트(72페이지 참고)로 리시브하는 것이다. 일반적인 커트와 마찬가지로 공이 바운드된 직후에 받는다.

포핸드

서비스의 방향과 구질을 파악하고 백스윙을 작게 한다.

바운드된 후 공을 받는다.

팔꿈치를 그대로 펴면서 라켓을 휘두른다.

백핸드

타이밍에 맞춰 백스윙을 작게 한다.

포핸드와 마찬가지로 바운드될 때 공을 받는다.

공을 친 다음 팔꿈치를 그대로 자연스럽게 편다.

플릭 리시브

상대방의 서비스가 정점에 이르렀을 때 공을 내려치는 스윙법으로 현재 가장 많이 구사되는 리시브이기도 하다. 오른발로 깊이 파고들어 공 쪽으로 이동해 탁구대 위에서 공을 내려친다.

서비스 타이밍에 맞춰 백스윙을 한다.

오른발로 탁구대 쪽을 파고들어 공 쪽으로 이동해 탁구대 위에서 공을 내려친다.

스톱 리시브

자신의 진영에서 바운드된 직후에 공을 받아쳐 상대방 진영의 네트 쪽에 공이 들어가도록 하는 리시브다. 긴 리시브를 예상한 상대방에게 상당히 효과적이며 득점할 수도 있다.

서비스의 방향과 질을 파악하고 민첩하게 이동해 자세를 잡는다.

팔꿈치는 완전히 펴지 말고 라켓과 얼굴이 가까이 있어야 하며, 임팩트 할 때 악수하는 기분으로 짧게 빠른 박자로 해야 한다.

전술 | 리시브

리시브①-언더스핀과 사이드스핀에 대응하는 경우

어떤 서비스에도 무리 없이 리시브를 할 수 있다면 좋겠지만, 이는 현실적으로 불가능하다. 따라서 모든 서비스를 비교적 안정적으로 리시브하는 방법을 익히는 것이 좋다. 물론 서비스가 날카롭지 못할 때는 놓치지 말고 공격하는 것을 잊지 말자.

언더스핀 서비스에 대응하는 리시브

커트 리시브

언더스핀 서비스(136페이지 참고)에 대응하는 가장 일반적인 방법은 언더스핀 커트(70페이지 참고)나 커트(112페이지 참고)로 리시브하는 것이다. 이렇게 하면 서비스의 회전과는 반대로 회전이 걸린다.

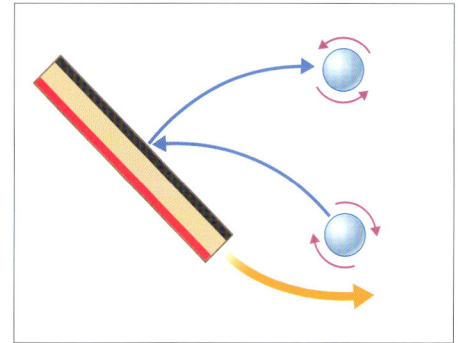

언더스핀 서비스와는 반대로 회전을 건다.

플릭 리시브

언더스핀 서비스를 탁구대 위에서 플릭이나 톱스핀을 걸어 리시브하는 방법이다. 제대로 치면 강한 공이 되는 공격적인 리시브라고 할 수 있다. 상대방의 회전을 그대로 이용하기 때문에 타이밍이 맞지 않으면 상대방이 건 회전의 영향을 그대로 받아 공이 밑으로 떨어져 버릴 수 있으니 주의하자.

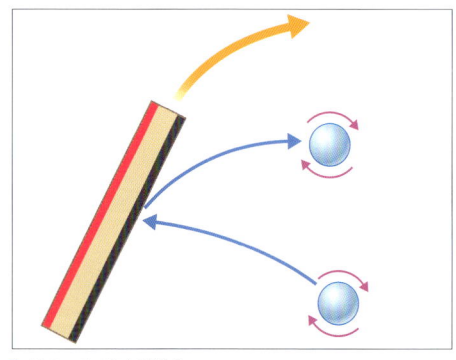

서비스의 회전 방향을 바꾸지 않는다.

사이드스핀 서비스에 대응하는 리시브

플릭 리시브

사이드스핀 서비스(137페이지 참고)를 탁구대 위에서 플릭이나 톱스핀을 걸어 되받아치는 기술이다. 리시브를 할 때 거는 회전의 방향이 서비스의 회전 방향과 달라 공이 회전하지 않게 된다. 단, 라켓을 날카롭게 휘두르지 않으면 서비스의 회전에 영향을 받아 실수할 수 있다.

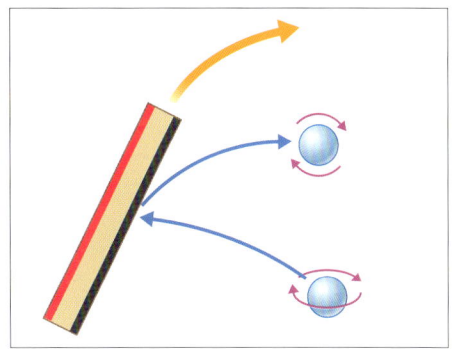

서비스의 사이드스핀과는
다른 톱스핀을 건다.

쇼트 리시브

쇼트(62페이지 참고)로 사이드스핀 서비스를 잘 처리할 수 있다. 단, 라켓을 그대로 공에 대면 서비스의 회전에 영향을 받을 수 있으므로 주의하자. 라켓을 조금 기울여 톱스핀을 걸거나 라켓을 공의 왼쪽이나 오른쪽으로 밀어 서비스의 회전과 같은 방향의 회전을 걸면(반대 방향으로 회전을 걸어도 좋다.) 실수 없이 공을 되받아칠 수 있다.

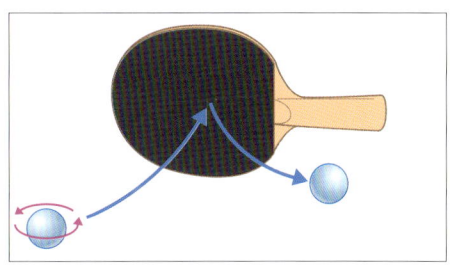

서비스의 회전에 영향을 받으면
공이 옆으로 튄다.

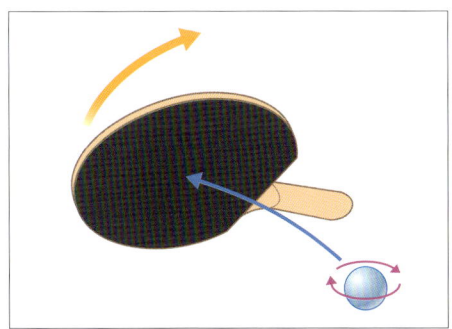

서비스의 회전에 영향을 받으면
공이 옆으로 튄다.

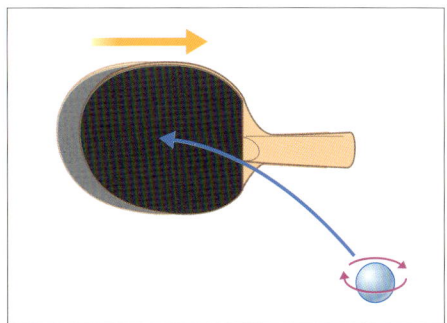

라켓을 밀어
조정한다.

 전술 | 리시브

리시브②-롱 서비스나 무회전 서비스에 대응하는 경우

롱 서비스에 대응하는 리시브

쇼트로 되받아치기

일반적으로 롱 서비스(137페이지 참고)는 쇼트(62페이지 참고)로 대응한다. 서비스의 위력이 강해 강한 스윙이 필요 없어 라켓을 정확히 공에 대기만 하면 된다. 백핸드는 물론 포핸드도 스윙을 하기보다 라켓의 각도를 적절하게 조절하여 공을 맞히는 것에 중점을 두자.

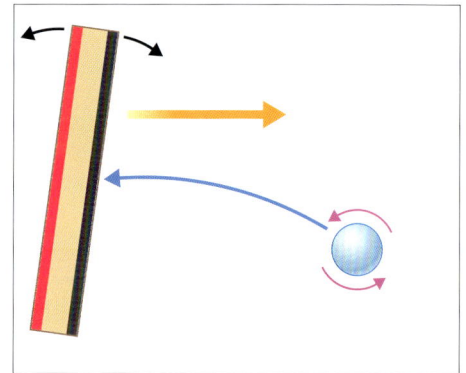

톱스핀이 걸린 공은 라켓의 각도를 조절해 되받아친다.

카운터 공격

롱 서비스의 코스나 높이가 되받아치기 쉽게 들어온다면 카운터 공격을 하는 것이 좋다. 이때 공을 강하게 치지 말고 바운드되어 정점에 이르렀을 때 친다. 상대방의 서비스가 위력적이라 강하게 칠 필요가 없다.

롱 서비스의 코스와 높이가 어중간하다고 판단되면

공이 바운드되어 정점에 이르렀을 때 카운터 공격을 한다. 이때 라켓을 강하게 휘두르지 말고 빠른 스윙이 필요하다.

무회전 서비스에 대응하는 리시브

긴 무회전 서비스에 대응하는 방법

무회전 서비스는 리시브를 할 때 임팩트 없이 받아넘기지 말고 큰 스윙 보다는 중간 스윙으로 스핀을 조금 줘서 임팩트를 해야 한다.

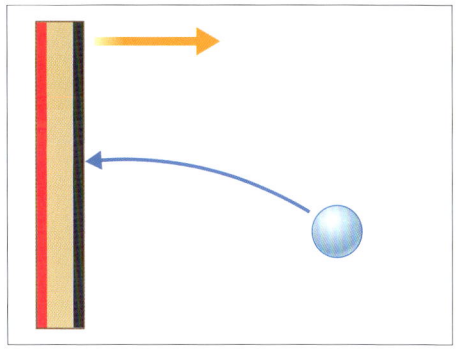

라켓을 탁구대와 수직을 이루도록 내민다.

짧은 무회전 서비스에 대응하는 방법

짧은 무회전 서비스의 경우 언더스핀 서비스로 착각하고는 커트로 대응해 공이 높이 떠버릴 때가 많다. 반대로 톱스핀을 잘못 걸면 공이 너무 길어 탁구대를 넘기는 실수를 저지를 수 있다. 따라서 라켓을 탁구대와 수직이 되게 휘두르며 밀어내는 느낌으로 리시브하는 것이 안정적이다.

POINT TIP!

커트 리시브

커트(112페이지 참고)로 리시브하는 것이 어렵다는 선수가 많다. 그러나 커트맨은 어떤 서비스에도 커트로 리시브한다. 그렇다면 커트맨이 아니더라도 기술만 있으면 대부분의 서비스를 커트로 리시브할 수 있을 것이다. 탁구는 플레이의 폭이 넓을수록 시합에서 우위를 차지하는 스포츠다. 커트맨이 아니더라도 평소에 커트로 리시브하는 연습을 한다. 다만 롱 서비스는 커트로 하면 안 되고 톱스핀을 중간 스윙으로 임팩트를 하는 것이 좋다.

커트로도 리시브할 수 있다는 것을 잊지 말자.

연습법 | 리시브

연습 상대에게 서비스를 부탁한다

연습① 플릭 리시브 연습   초급 ★

리시브는 시합을 통해 자연스럽게 익힐 수 있지만, 연습으로도 리시브 능력을 키울 수 있다. 특히 익혀두면 큰 무기가 되는 플릭 리시브는 간단한 방법으로 연습할 수 있다. 연습 방법으로 포어사이드 앞쪽(144페이지 참고)에 언더스핀 서비스를 쳐달라고 주문하고 왼발로 안쪽을 파고들어가며 플릭 리시브를 하는 것이 있다. 플릭 리시브를 완전히 익힐 때까지 반복해서 연습한다.

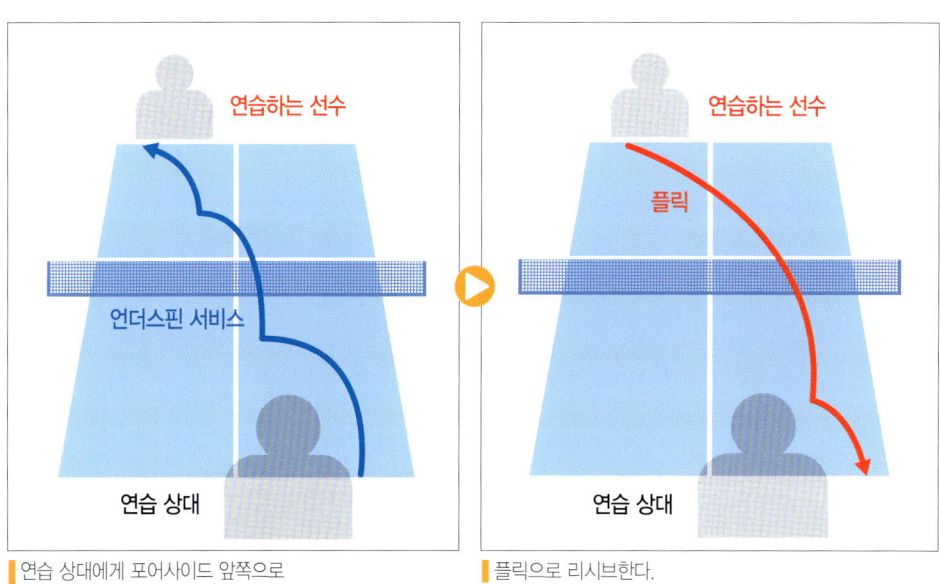

▮ 연습 상대에게 포어사이드 앞쪽으로 언더스핀 서비스를 부탁한다.

▮ 플릭으로 리시브한다.

CHECK!

플릭 리시브의 경우

1. 라켓 잡는 방법과 손목 사용법
라켓을 가볍게 잡고 손목을 이용하여 민첩하고 작게 스윙한다.

2. 라켓 방향과 휘두르는 방향
서비스의 언더스핀이 강하면 라켓을 살짝 위로 향하게 하여 위로 휘두르고, 약하면 라켓을 기울여 앞으로 휘두른다.

연습② 스톱 리시브 연습 　　　　　　중급 ★★

스톱 리시브 연습도 연습 상대가 서비스를 하는 것으로 시작한다. 연습할 때는 '①기본자세→②앞으로 나와 스톱 리시브→③기본자세'로 돌아가기와 같은 일련의 흐름을 막힘없이 할 수 있도록 하자. 또한 실전에 가까운 형식으로 스톱 리시브를 한 후 다음 공이 넘어오면 커트로 되받아치는 랠리 연습에 돌입하는 것도 하나의 방법이다.

기본자세로 시작한다.

앞으로 나와 스톱 리시브를 한다.
이를 반복한다.

연습③ 깊고 긴 커트 리시브 연습 　　　　　　중급 ★★

커트 리시브는 가장 기본이 되는 리시브다. 그러나 실수를 하면 안 된다는 생각에 리시브를 단순히 할 때가 많은데 이때 과감하게 엔드라인 근처에서 바운드되는 깊고 빠른 커트에 도전해 보는 것은 어떨까? 이를 잘 구사하면 득점 기회가 생긴다.

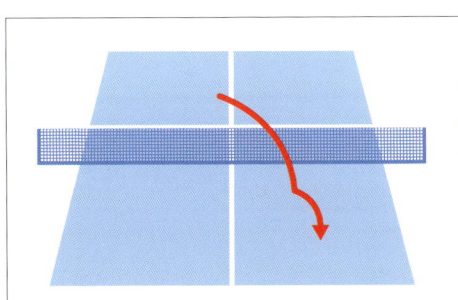
일반적인 커트는 상대방 진영의 네트 쪽으로 공이 들어간다.

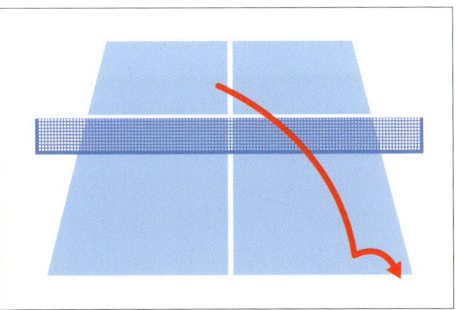
엔드라인 부근에서 공이 바운드되는 커트는 강력한 무기가 된다.

🔍 Table Tennis Column

시합에서 이기려면 연습 때도 리듬감을 살린다

무한히 변화하는 리듬

'리듬이 나쁘다'거나 '리듬을 바꿔라'라는 말은 탁구 선수라면 누구나 한 번쯤은 들어봤을 것이다. 리듬을 중심으로 탁구를 보다 보면 평소의 연습과 시합을 다른 관점으로 분석할 수 있다.

 탁구는 라켓과 공이 부딪힐 때 그리고 탁구대와 공이 부딪힐 때 소리가 난다. 그 소리에서 영어의 'Ping Pong(핑퐁)'이라는 표현이 생겼다는 것은 모두 잘 알고 있을 것이다. 이 두 소리가 만드는 리듬은 누가 어떤 공을 치느냐에 따라 끝없이 변한다. 리듬은 러버와 라켓에 따라서도 다르며, 강한 공인지 약한 공인지에 따라서도 다르다. 그리고 드라이브, 스매시, 커트 등 기술에 따라 소리가 나는 타이밍이 달라 랠리의 리듬이 제각각 변한다. 만화 '핑퐁(ピンポン)'을 읽다 보면 체육관 밖에서 소리만으로 커트맨과 전진속공형 선수가 시합을 하고 있다는 것과 대전하는 두 사람의 실력을 파악하는 장면이 나온다.

리듬에 변화를 주면 상당한 효과를 얻을 수 있다

그럼 소리가 만드는 리듬을 시합에서 어떻게 이용할 수 있을까? 시합 중에 소리를 의식하지 않는다는 선수도 실제로는 무의식적으로 소리로부터 정보를 받으면서 시합하며, 주변이 너무 시끄러워 실전에서 제 실력을 발휘하지 못하는 선수도 있다. 또한 작은 곳에서 연습하던 선수가 큰 체육관에서 시합할 때 맥없이 무너질 때가 있는데 이도 귀로 소리가 전달되는 방법이 다르기 때문이다.

일부 일류 선수는 같은 자세로 여러 가지 속도(다른 리듬)의 공을 쳐 상대방의 실수를 유도하는 고난도 기술을 구사한다. 단순히 공의 위력으로만 승부하는 것이 아니라 상대방이 예측한 타이밍과는 다른 리듬으로 공을 쳐 실수하게 하는 것이다. 물론 이런 고도의 플레이를 초보자나 중급자가 따라 할 수는 없다. 하지만 강한 공 말고도 시합의 진행 속도를 늦추거나 루프 드라이브로 리듬을 바꿔 상대방의 리듬을 무너뜨리는 전략으로도 얼마든지 이길 수 있다.

이런 전략을 실전에서도 활용하려면 평소에도 단조롭지 않은 여러 가지 리듬으로 연습해야 한다.

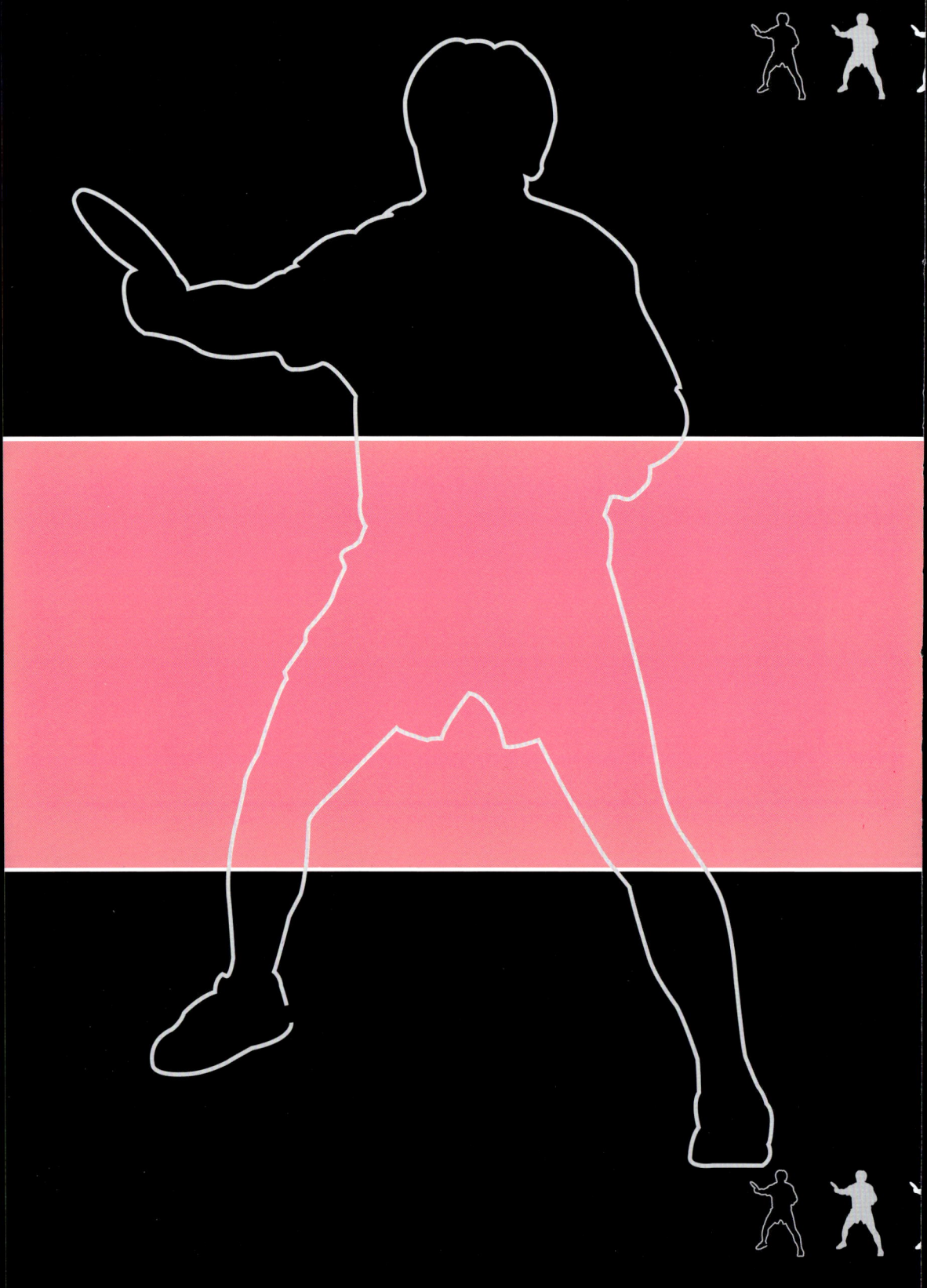

CHAPTER 05
전략과 연습법
STRATEGY & DRILLS

탁구는 단순해 보이지만 매우 깊이 있는 스포츠다. 이번 장에서는 이기는 데 도움이 되는 실전적인 전략과 연습법을 상세히 설명한다.

전략 | 실전에 강해지는 비법

긴장을 풀고 기술과 기술을 연결하는 스윙법이 중요하다

열심히 기술을 익혔는데도 실전에서 지는 선수가 있는 반면 별다른 노력을 하지 않았는데도 시합에만 나가면 펄펄 나는 선수가 있다. 경기에서 지는 선수의 문제점은 크게 두 가지로 요약할 수 있다. 첫째는 '연습에서 익힌 기술을 실전에서 구사하지 못하는 경우', 둘째는 '평소에 연습하는 기술이 실전에서 별다른 효과가 없는 경우'다. 이렇게 시합의 패인을 냉정하게 분석하는 것도 실력향상을 위해 반드시 거쳐야 할 과정이다.

시합 중에 긴장을 푸는 방법

긴장감을 느끼며 시합에 임하는 것도 좋지만, 너무 긴장하면 연습한 기술을 시합에서 제대로 구사하지 못하는 사태가 벌어진다. 시합을 앞두고 약간 긴장하는 것은 좋지만 위축되는 것은 좋지 않다. 긴장을 푸는 방법은 선수마다 다른데 실례로 '기합 소리'로 긴장을 푸는 선수도 있다. 자신에게 맞는 방법을 찾아보자.

긴장을 푸는 방법

①스윙 연습을 한다
시합 전 스윙 연습을 10분 정도 하고 시합에 임하면 가장 효과적이다.

②기합 소리를 낸다
기합이 의욕을 일깨우기도 한다. 단, 경기 매너를 지키며 하자.

③점수를 냈을 때 주먹을 불끈 쥔다
근육의 긴장을 풀어주는 효과가 있다.

④시합 중에 발을 움직인다
리듬을 느낄 수 있다.

⑤시합 중 몸을 위아래로 움직인다
리듬을 느낄 수 있다.

기술과 기술을 연결하는 스윙법

새로운 기술을 배워 이미 익힌 기술을 훨씬 잘 활용할 수 있다. 평소에 연습하는 기술이 시합에서 효과를 발휘하지 못하는 경우에는 이유를 스스로 분석하고 연구하는 것이 가장 효과적이긴 하다. 하지만 기술과 기술을 연결하는 스윙법을 익히는 것도 하나의 선택이 될 수 있다.

기술과 기술을 연결하는 스윙법은 로브처럼 높이 올리지 않고 중진에서 공을 받아쳐 정확히 상대방 진영의 코너에 공이 들어가도록 하는 기술이다. 이 기술은 최근에 '피시(Fish)'라고 불리며 단순히 수비를 위한 기술이 아닌 역습의 기회를 만드는 공격적인 기술로 인식되고 있다. 특히 올라운드 선수에게 매우 중요한 기술로 '수세에 몰렸을 때 해결책이 있다'라며 마음의 여유를 가질 수 있게 해준다. 기술을 연결하는 스윙법은 실전과 마찬가지로 중진에서 여러 기술을 사용해 상대방 진영의 코너 사방 60cm에 정확히 공이 들어가도록 되받아친다.

공을 치는 위치

■ 탁구대에서 1~2m 떨어진 곳

공의 궤도
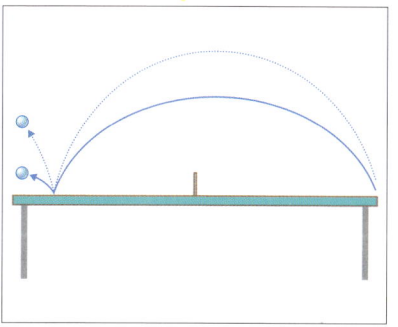
■ 높이 올려야 하지만 로브보다는 낮게 한다.

공이 바운드되는 곳
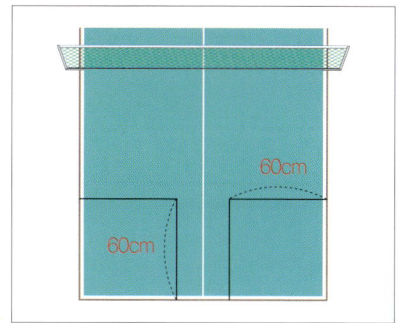
■ 상대방 진영의 코너 사방 60cm

스윙법

■ 드라이브(80페이지 참고)를 중심으로 한다.

전략 | 3구째 공격

이기려면 3구째 공격을 구사한다

'먼저 공격하는 사람'이 이기는 스포츠

탁구를 하다 보면 상대방의 실수로 득점하는 경우가 적지 않다. 그러나 상대방의 레벨이 높을수록 실수할 가능성이 낮아 먼저 공격한 쪽이 시합을 지배하게 된다. 그리고 무엇보다 스매시와 같이 강력한 공격이 성공했을 때만큼 탁구의 재미를 느낄 수 있는 순간도 없다. 탁구는 '먼저 공격하는 사람'이 이길 확률이 높은 스포츠다.

이렇듯 상대방보다 먼저 공격에 돌입하는 전략을 구체화한 것이 바로 3구째 공격으로, 서비스(1구)와 리시브(2구) 다음의 공을 공략하는 것을 말한다. 즉, 3구째 공격이란 서비스로 공격할 기회를 만들고 다음번 자신에게 오는 공을 바로 득점으로 연결하는 공격적인 전략이다.

흐름에 맞는 스윙법의 조합

현재 세계 탁구의 동향을 보면 3구째 공격이 매우 중요시되고 있다. 그러나 3구째 공격으로 득점을 하겠다는 생각에 자신이 쉽게 칠 수 있는 공이 오도록 서비스하면 상대방에게 강한 리시브를 맞을 수 있다. 따라서 상대방이 리시브하기 어려운 서비스를 하고 3구째 공격을 시도하는 것이 좋다.

이번에는 여러 가지 3구째 공격의 조합을 소개한다. 실전에서도 구사할 수 있도록 연습하자. 그리고 3구째 공격은 여기에서 소개한 것 외에도 여러 가지가 있을 수 있다. 모두 장단점이 있으니 시합의 흐름에 따라 어떤 조합이 적절한지 판단하자.

3구째 공격①-드라이브를 백크로스로

가장 정공법이며 실수가 적다. 단, 3구째 공격한 공이 쇼트 블록(100페이지 참고)으로 포어사이드에 들어오면 받아치기 어렵다.

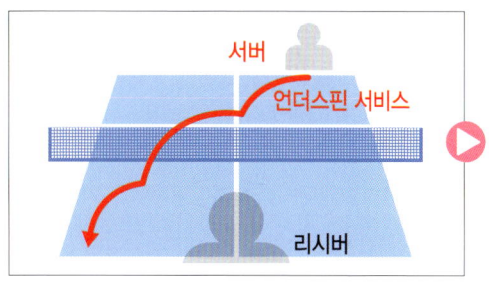
언더스핀 서비스를 백크로스로 보낸다.

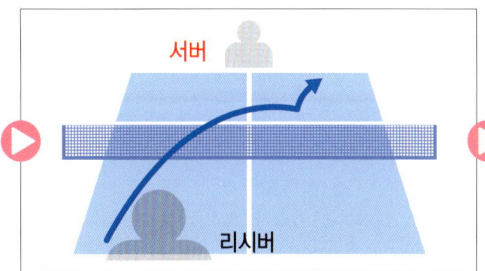
백크로스로 공이 오면

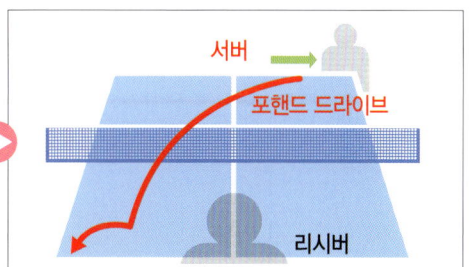
깊숙이 들어가 포핸드 드라이브를 백크로스로 친다.

3구째 공격②-백핸드 드라이브로 스트레이트 코스로

3구째를 스트레이트로 칠 때 실수를 하면 위기를 맞을 확률은 높아지지만, 백핸드 드라이브(82페이지 참고)로 친 공이 포어사이드로 들어와도 포핸드보다 이동거리가 짧아 대처하기 쉽다.

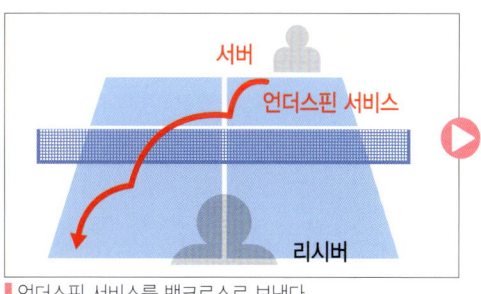
언더스핀 서비스를 백크로스로 보낸다.

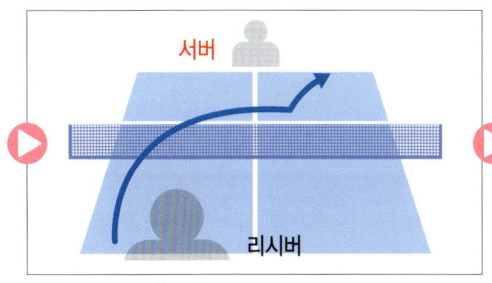
백크로스로 공이 오면

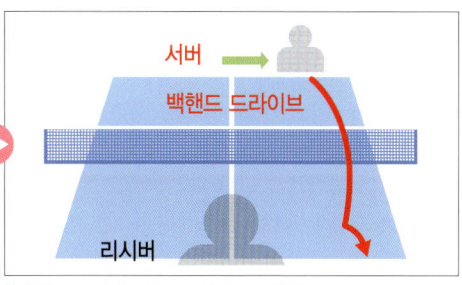
백핸드 드라이브를 스트레이트로 친다.

3구째 공격③-백핸드 드라이브를 백크로스로

3구째는 백핸드 드라이브(82페이지 참고)로 백크로스를 노린다. 서비스로 상대방을 포어사이드 앞으로 이동시키기 때문에 상대방이 풋워크에 서투르다면 득점할 수 있다.

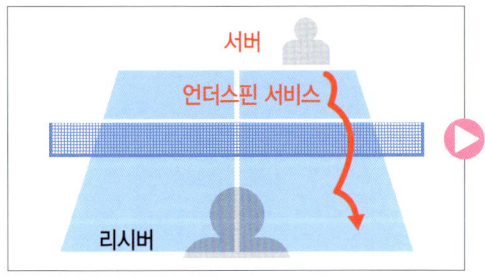
백사이드에서 포어사이드 앞으로 언더스핀 서비스를 넣는다.

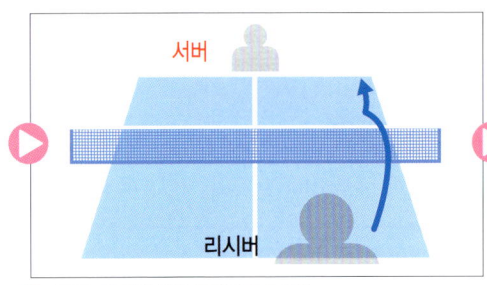
커트로 친 공이 백스트레이트로 오면

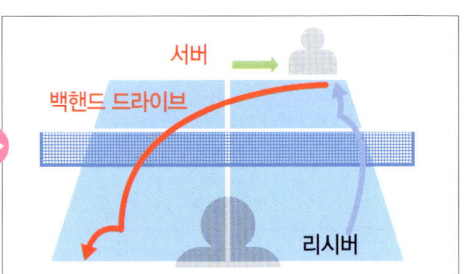
백핸드 드라이브를 백크로스로 친다.

3구째 공격④-포핸드 드라이브를 포어크로스로

3구째를 탁구대 위에서 포핸드로 치기 때문에 자신의 백사이드가 열리지만, 상대방을 완벽히 포어사이드로 움직이게 할 수 있다면 다음 공도 자신의 포어사이드로 올 확률이 커져 랠리를 유리하게 이끌어갈 수 있다.

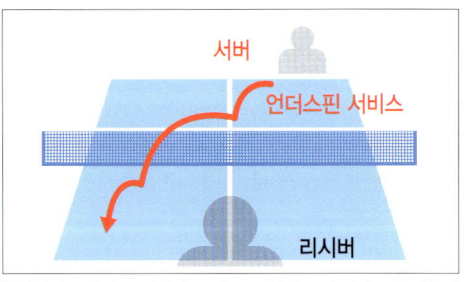
백사이드에서 포어사이드 앞으로 언더스핀 서비스를 넣는다.

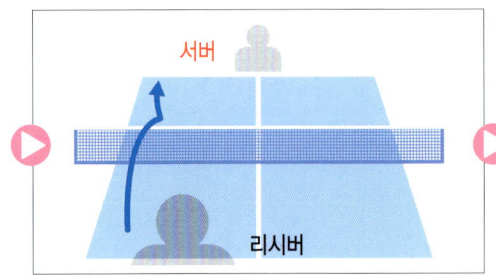
커트로 친 공이 포어사이드 앞으로 오면

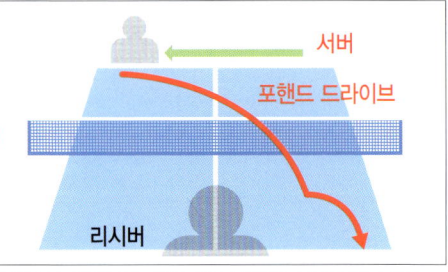
포핸드 드라이브를 포어크로스로(플랫 스윙도 가능) 친다.

3구째 공격⑤-포핸드 드라이브를 포어스트레이트 코스로

상대방을 포어사이드 앞으로 이동시킨 다음 포어스트레이트로 되받아치는 것은 매우 강력한 공격이다. 득점할 확률이 높은 공격 중 하나다.

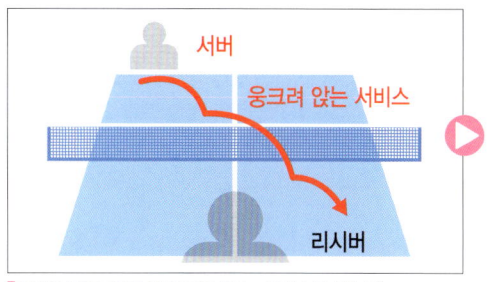
▌포어사이드 앞에서 웅크려 앉는 서비스를 넣는다.

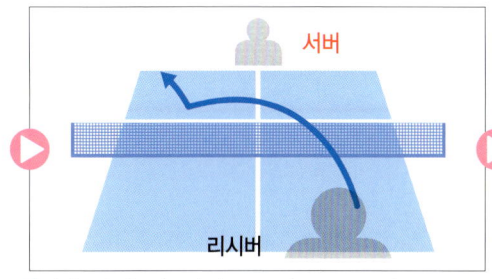
▌리시브가 커트나 드라이브로 포어크로스로 오면

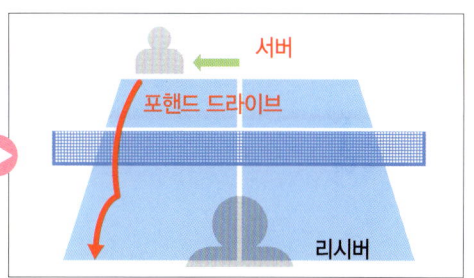
▌포핸드 드라이브를 포어스트레이트로 친다.

3구째 공격⑥-푸시 쇼트로 백스트레이트 코스를

빠른 롱 서비스로 백사이드를 공략한 다음 백스트레이트 코스를 푸시 쇼트(120페이지 참고)로 공격한다. 만약 바로 득점으로 연결되지 않는다 하더라도 상대방 선수 대부분이 포핸드로 되받아치기에 급급해하기 때문에 다음 공을 스매시(88페이지 참고)로 공격할 수 있다.

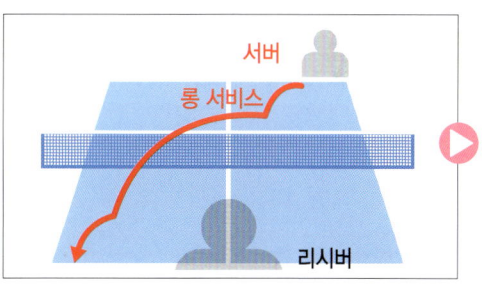
▌롱 서비스를 백크로스로 보낸다.

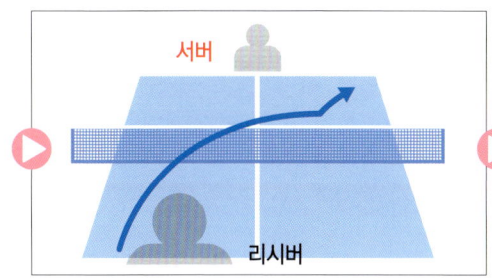
▌상대방이 쇼트를 백크로스로 쳤다면

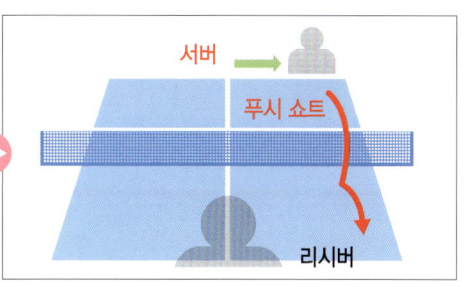
▌푸시 쇼트를 백스트레이트로 친다.

연습법 | 경기감각 향상

전체적인 실력을 향상시키는 복식 연습

탁구 경기에는 단식과 복식이 있다. 단식에만 나가는 선수라도 연습을 통해 복식을 경험해두면 실력이 향상된다. 복식을 할 때는 서비스 후에도 리시브 후에도 움직여야 한다. 물론 공격을 한 다음에도 마찬가지다. 이렇듯 복식은 시합 중에 끊임없이 움직여야 한다. 랠리도 단식만큼 오래 이어지기 때문에 복식으로 연습하면 풋워크와 기초 체력을 기를 수 있다.

또한 공이 어느 쪽으로 오는지 예측하는 것도 복식에서는 매우 중요한 요소로, 단식 연습보다 시합의 흐름을 읽는 능력을 기를 수 있다.

연습① 기본적인 복식 연습 중급 ★★

복식에서는 선수가 교대로 공을 쳐야 한다. 먼저 같은 코스의 공을 번갈아가며 포핸드로 되받아치자. 연습 상대는 한 명이어도 좋지만 두 명이면 서로 연습할 수 있어 효율적이다.

▎코스를 정한 랠리.
먼저 첫 번째 선수부터 친다.

▎첫 번째 선수는 공을 친 후
다음 선수를 위해 뒤로 빠진다.

▎다음 선수는 바로 교대해 들어와
자세를 취한다.

▎공이 오면 포핸드로 되받아친다.
이후에도 반드시 교대로 공을 친다.

연습② 복식의 3구째 공격 연습 ★★ 중급

복식의 3구째 공격 연습도 전체적인 실력 향상에 도움이 된다. 익숙해질 때까지 연습 상대방은 정해진 코스로 리시브하자. 연습 상대는 한 명이어도 좋다.

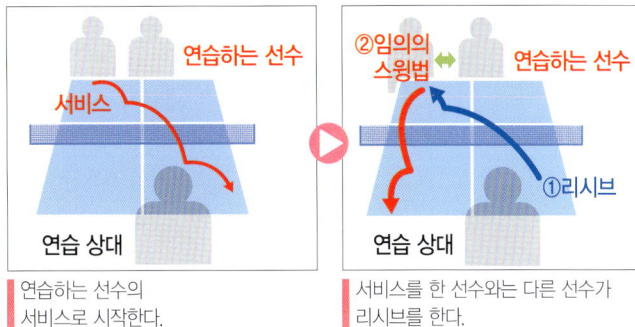

연습하는 선수의 서비스로 시작한다.

서비스를 한 선수와는 다른 선수가 리시브를 한다.

연습③ 코스를 바꾼 복식 연습 ★★★ 상급

포어사이드와 백사이드로 연습하는 선수가 교대로 들어와 랠리를 한다. 연습 상대는 한 명이어도 좋지만 두 명이면 서로 연습할 수 있어 효율적이다.

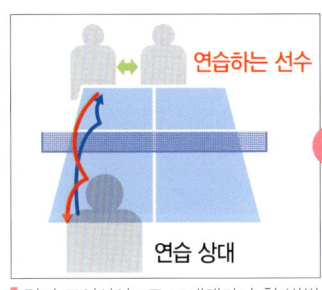 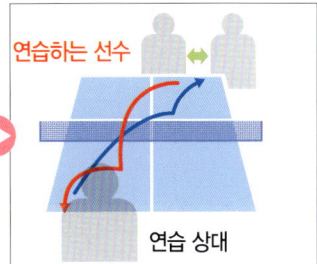

먼저 포어사이드로 교대해가며 한 번씩 공을 친다. 코스는 포어스트레이트다.

계속해서 백사이드에서 교대하며 한 번씩 공을 친 후 포어사이드로 이동한다.

POINT TIP!

복식의 재미

복식은 단식과는 다른 재미가 있다. 단식은 대전하는 선수 간에 실력 차이가 현저하면 서비스만으로 승패가 결정되지만, 복식은 서비스와 리시브 코스가 규정상 포어크로스로 한정되어 있어 랠리가 이어지기 쉬우므로 같은 팀 선수가 상급자라면 초보자도 긴 랠리를 경험할 수 있다. 단식에만 나가는 선수라도 기회가 있다면 꼭 복식을 경험해보자.

복식은 단식과는 다른 재미가 있다.

연습법 | 랠리 실력 향상

중진이나 후진에서 랠리를 할 수 있다면 더 이상 초보가 아니다

전진에서 랠리하는 것보다 중진과 후진에서 랠리하는 게 어렵다. 따라서 중진과 후진에서 랠리를 할 수 있다면 초보자를 졸업한 것이다. 거리감을 익히고 지금까지 익힌 기술을 구사하여 랠리를 이어갈 수 있도록 연습하자.

연습① 중진으로 전환하기

포어사이드에서는 포핸드, 백사이드에서는 백핸드라는 사고방식은 어디까지나 초보적인 생각이다. 중급자 이상인 선수는 실전이라 생각하고 상황에 맞게 자유자재로 포핸드와 백핸드로 전환할 수 있어야 한다. 이 연습은 중진에서 상황에 따라 포핸드나 백핸드로 전환하기 위한 것이다. 연습 상대에게 포어사이드 안(또는 백사이드 안)으로 공을 쳐달라고 부탁해 상황에 맞게 전환한다.

포어사이드에서 포핸드나 백핸드로 전환하기

중진에서는 허리를 낮춰 포핸드를 친다.

포어사이드에서도 백핸드를 잘 구사할 수 있게 되면 플레이의 폭이 넓어진다.

백사이드에서 포핸드나 백핸드로 전환하기

백사이드에서 포핸드로 공을 치려면 깊숙이 들어가야 한다.

백사이드의 깊은 곳에서도 제대로 되받아칠 수 있어야 한다.

| 연습② | **중진에서 공격하기** | 중급 ★★ |

중진에서의 랠리에서 이기기 위한 기술을 연마하려면 무엇보다 중진에서 랠리를 하는 것이 좋다. 연습으로 거리감을 익히고 랠리가 지속되면 가끔 공격을 해보자.

서로 중진에서
랠리를 시작한다.

공격하기 좋은 공이 오면
포핸드 드라이브로 공격한다.

연습 상대방이 카운터로
공격해 온다면

로브와 같은 기술로 공격을 막은 후
다시 랠리를 시작한다.

POINT TIP!

중진에서 랠리를 하는 데 필요한 기술

중진에서의 랠리를 유리하게 이끌어가려면 포핸드든 백핸드든 상관없이 공격할 수 있어야 한다. 중진에서의 랠리가 너무 어렵게 느껴지는 선수는 한 가지씩 과제를 해결해 나가자.

중진에서의 랠리를 유리하게 이끌어가는 데 필요한 기술

- 포핸드든 백핸드든 상관없이 공격할 수 있어야 한다.
- 상대방의 공격에 대처할 수 있는 풋워크를 해야 한다.
- 상대방의 움직임을 느끼고 코스를 파악한다.
- 완급을 조절한 드라이브 공격을 할 수 있어야 한다.
- 자세가 무너졌을 때는 후진으로 이동해 로브로 공격을 막는다.
- 공격하기 좋은 공이 오면 전진으로 이동해 스매시한다.
- 전진으로 이동해 블록을 할 수 있어야 한다.

연습법 | 풋워크 강화

모든 공을 포핸드로 칠 수 있는 풋워크를 익힌다

풋워크를 익히려면 여러 코스의 공을 부탁해 그에 따라 민첩하게 이동하는 연습이 필요하다. 백사이드로 오는 공도 모두 포핸드로 칠 수 있게끔 풋워크를 할 수 있다면 상당한 실력자라고 할 수 있다. 체력에 문제가 없다면 모든 공을 포핸드로 치는 연습을 해보자.

연습① 치기 어려운 코스로 공이 왔을 때의 풋워크 중급 ★★

좁은 범위를 정해 그곳에서 공을 받다가 익숙해지면 더욱 어려운 코스로 공을 쳐달라고 한다(구사하는 스윙법은 자유롭게 선택해도 좋지만 되도록 같은 코스로 되받아친다.). 익숙해지기 전까지는 속도보다 발의 움직임에 중점을 두자. 탁구의 풋워크는 3스텝(48페이지 참고)이 기본이다. 무릎을 구부리고 중심을 낮춰 민첩하게 이동하자.

▮무리하게 팔을 뻗어 공을 치지 말고
▮치기 쉬운 위치로 빨리 이동한다.

▮익숙해질 때까지 공을 받는 범위

▮보다 어려운 코스

연습② 두 개의 탁구대를 사용한 풋워크 연습

상급 ★★★

한쪽에 분리형 탁구대 두 개를 두고 연습하는 풋워크다. 좌우로 한 번 또는 포어사이드로 두 번, 백사이드로 두 번 등 변화를 주며 연습한다.

※탁구대는 정리할 때 두 개로 분리할 수 있는 것과 가운데를 접어서 세우는 것이 있다. 이 연습을 할 때는 분리형 탁구대가 필요하다.

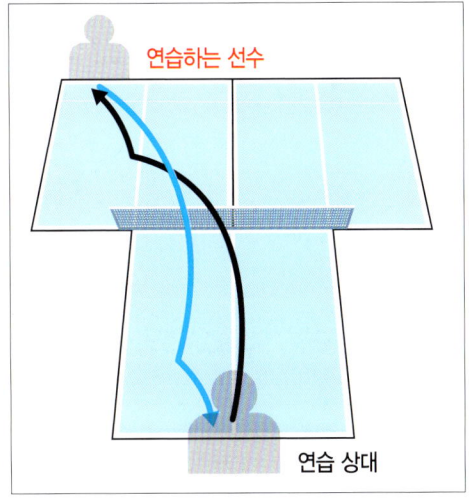

탁구대가 커지는 만큼 이동거리도 길어진다.

연습③ 공을 모두 포핸드로 되받아친다

상급 ★★★

최고의 풋워크 연습이라 할 수 있을 만큼 힘든 연습이다. 연습 상대에게 여러 코스의 공을 부탁해 그것을 모두 포핸드로 처리한다.

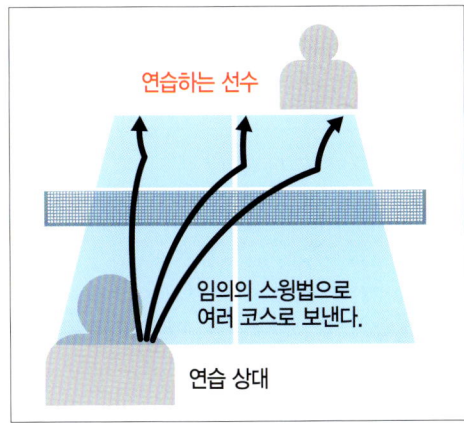
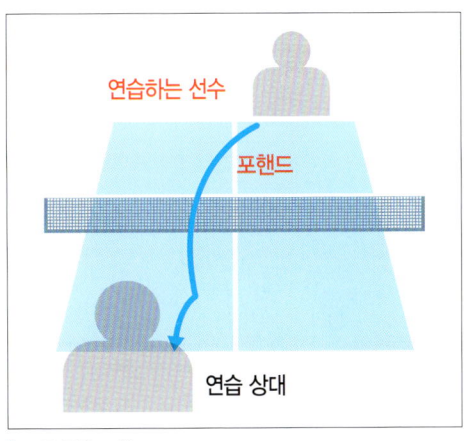

임의의 스윙법으로 여러 코스의 공을 부탁한다.

모든 공을 포핸드로 되받아친다.

CHAPTER 05 전략과 연습법

연습법 | 포핸드와 백핸드 전환

포핸드와 백핸드 전환은 매우 중요한 기술이다

시합에서 어느 쪽으로 공이 올 것인지는 상대방의 라켓에서 공이 떠나는 순간까지 짐작할 수 없다. 물론 상대방의 버릇으로 예상은 할 수 있지만, 공이 꼭 예상한 곳으로 온다는 보장은 없다. 따라서 '재빨리 포핸드와 백핸드의 전환'을 할 수 있는가는 각각의 스윙법 이상으로 중요하다.

'포핸드와 백핸드의 전환 연습은 여기에서 소개한 메뉴 이외에도 롱 서비스(137페이지 참고)를 여러 가지 코스로 받아 민첩하게 포핸드와 백핸드로 전환해 리시브하는 방법도 있다. 각 선수의 체력과 기량에 맞춰 다양한 전환 연습을 해보자.

연습① 깊이 들어가기 　　중급 ★★

가장 기본이 되는 전환 연습의 하나다. 깊이 들어가기와 달려들기 풋워크의 연습이 된다.

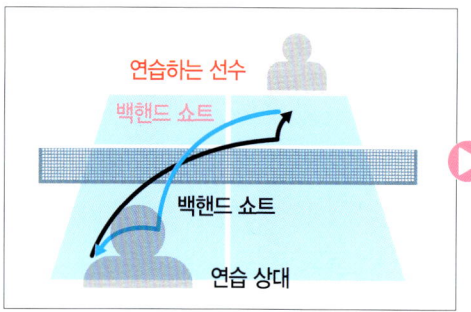

서로 백핸드 쇼트로
랠리를 시작한다.

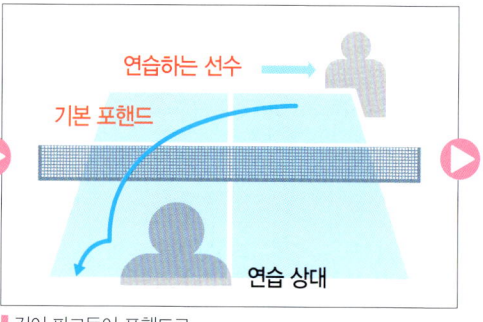

깊이 파고들어 포핸드로
되받아친다.

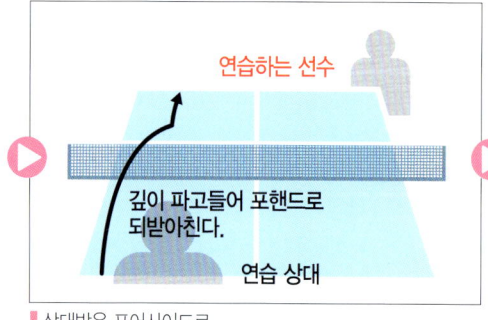

상대방은 포어사이드로
친다.

이동해 포핸드로 스트레이트 코스로 친다.
1번으로 되돌아가 이 과정을 반복한다.

연습② 갑작스러운 포핸드의 대응

백핸드 쇼트(62페이지 참고)로 랠리를 하다가 예측하지 못한 순간에 포어사이드로 온 공을 처리하는 연습이다. 민첩한 대응이 필요하다.

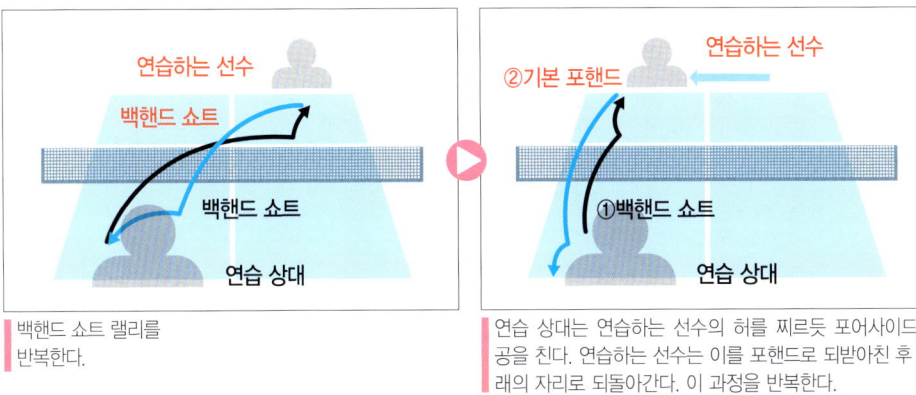

백핸드 쇼트 랠리를 반복한다.

연습 상대는 연습하는 선수의 허를 찌르듯 포어사이드로 공을 친다. 연습하는 선수는 이를 포핸드로 되받아친 후 원래의 자리로 되돌아간다. 이 과정을 반복한다.

연습③ 상대방의 언더스핀 서비스로 시작한다

상대방의 언더스핀 서비스(136페이지 참고)로 시작하는 전환 연습이다. 실전에 가까운 연습이라 할 수 있다.

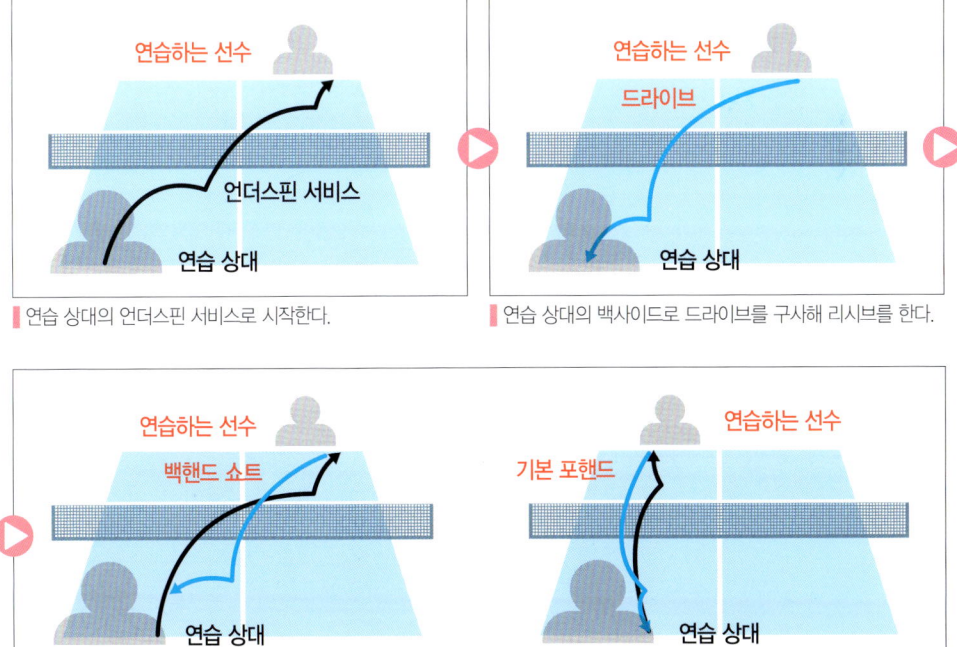

연습 상대의 언더스핀 서비스로 시작한다.

연습 상대의 백사이드로 드라이브를 구사해 리시브를 한다.

백사이드로 오면 백핸드 쇼트로 되받아친다.

포어사이드로 오면 포핸드로 되받아친다.

연습법 | 포핸드 공격 강화

풋워크로 포핸드를 강화한다

포핸드와 백핸드 모두 강한 공을 칠 수 있다면 좋겠지만, 백핸드로 강한 공을 칠 수 있기까지는 시간이 걸린다. 이런 점을 생각하면 시합에서 이기기 위해 포핸드를 강화하는 것이 효율적이다. 포핸드를 강화시키는 비결은 풋워크를 활용하는 것이다. 자신의 움직임에 맞는 포핸드 공격을 반복적으로 연습해 실전적인 포핸드를 익히도록 하자.

연습① 쇼트를 드라이브로 되받아치는 랠리

자신의 백사이드 또는 미들에서 상대방의 백사이드로 되받아치는 연습이다. 풋워크를 이용하여 공을 받기 좋은 위치로 민첩하게 이동하자.

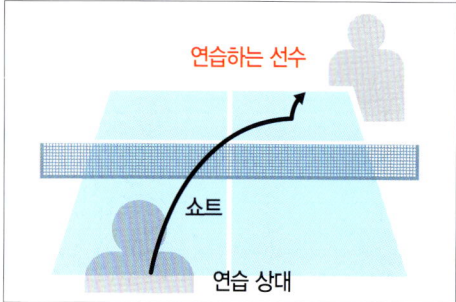

연습 상대에게 백사이드와 미들 사이로 오는 쇼트를 부탁한다.

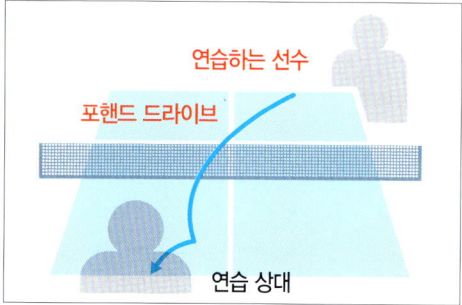

포핸드 드라이브(흐름에 따라 스매시도 좋다.)로 되받아친다. 이 과정을 반복한다.

쇼트를 받는 범위

먼저 백사이드와 미들 사이에서 연습한다.

안정감 있게 대처할 수 있다면 포어사이드로 범위를 넓힌다.

| 연습② | 커트로 랠리를 하다 깊이 파고들어 강한 공을 친다 | 중급 ★★ |

커트(70페이지 참고)로 랠리(코스는 백크로스)를 시작하는 드라이브 공격 연습이다. 드라이브(80페이지 참고)를 치기 전에 깊이 파고든다.

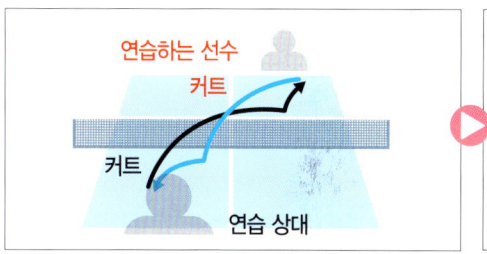

백크로스에서 커트로 랠리를
시작한다.

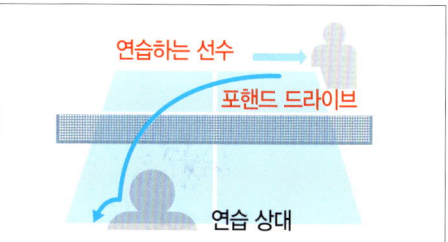

흐름을 보다가 깊이 파고들어
포핸드 드라이브로 되받아친다.

| 연습③ | 쇼트로 랠리를 하다 강한 공을 친다 | 상급 ★★★ |

백핸드 쇼트(62페이지 참고)로 랠리(코스는 백크로스)를 하다 상황에 맞춰 포핸드로 전환하여 드라이브로 공을 되받아친다.

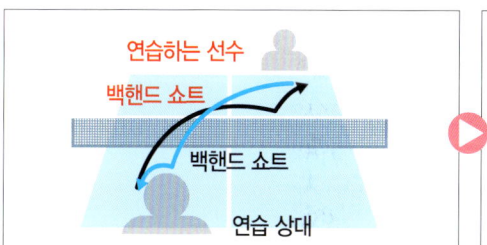

백크로스로 백핸드 쇼트 랠리를
시작한다.

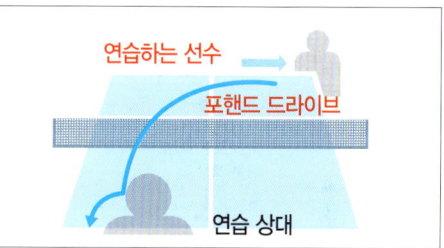

흐름을 보다가 깊이 파고들어
포핸드 드라이브로 강한 공을 친다.

POINT TIP!

포핸드 공격을 연습하는 시간

포핸드 공격처럼 풋워크를 많이 활용하는 연습은 무척 힘이 들기 때문에 오래 할 필요가 없다. 집중하기 위해서라도 5~10분 안에 연습을 끝내고 휴식을 취한 후 다음 연습을 시작한다.

또한 포핸드 공격을 연습하면서 드라이브와 함께 스매시도 구사해 다양한 리듬으로 공을 칠 수 있도록 하자. 공을 치는 위치는 자신의 공격 스타일에 맞춰 전진 또는 중진 중에서 선택하면 된다.

힘든 연습을 한 다음에는 충분히 쉬도록 하자.

연습법 | 백핸드 수비 강화

모든 공에 대처하는 것을 목표로 한다

백핸드 쇼트(62페이지 참고)와 백핸드(64페이지 참고)를 잘 치지만 막상 랠리를 시작했을 때 잘 구사하지 못한다면 보석을 그대로 썩히고 있는 것과 같다. 여러 구질의 공을 쇼트와 백핸드로 처리할 수 있도록 수비력을 강화하자. 상황에 따라 푸시 쇼트(120페이지 참고)를 구사하는 것도 좋다. 쇼트는 상대방이 친 공의 힘을 이용할 수 있어 타이밍만 잘 맞추면 백핸드 이상으로 강력한 무기가 된다.

연습① 포핸드에서 백핸드로 전환하기 중급 ★★

백핸드를 강화하는 연습 중 가장 기본이다. 포어스트레이트로 랠리를 하다가 가끔 백사이드로 공을 쳐달라고 부탁한다.

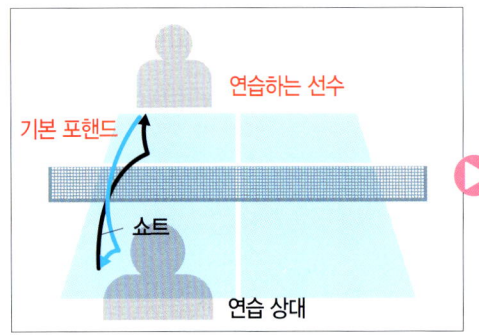

포어스트레이트로 랠리를 시작한다.
연습 상대는 쇼트, 연습하는 선수는 포핸드다.

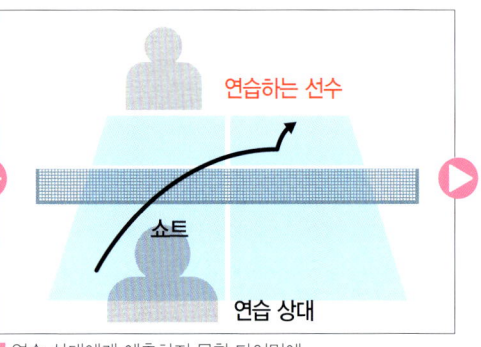

연습 상대에게 예측하지 못한 타이밍에
백사이드로 쇼트를 쳐달라고 한다.

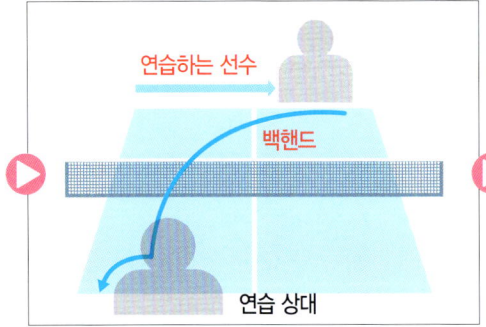

재빨리 이동해 백핸드로
되받아친다.

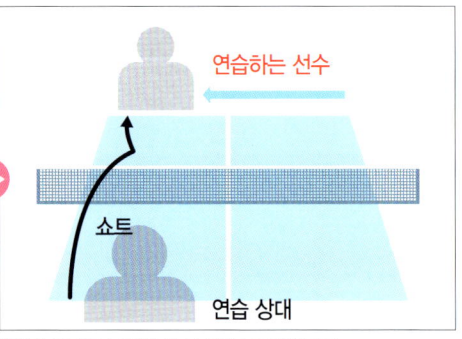

원래 자리로 돌아와 다시 포어스트레이트로
랠리를 시작한다.

연습② 백핸드 쇼트 강화

백핸드 쇼트를 강화시키는 랠리 형식의 연습이다. 기본 포핸드(54페이지 참고)로 백크로스로 공을 치면 연습 상대방은 쇼트로 되받아친다. 가끔 스매시(88페이지 참고)도 섞어 연습한다.

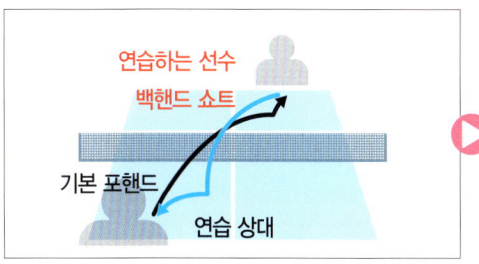
연습 상대가 백크로스로 기본 포핸드를 치면 쇼트로 되받아친다.

연습 상대가 공을 쳐야 하는 범위는 백사이드에서 미들까지다.

연습③ 여러 스윙법을 다양하게 구사한다

여러 가지 백핸드 스윙법을 다양하게 구사하기 위한 연습이다. 다른 연습과 마찬가지로 막힘없이 대응하는 것을 목표로 삼자.

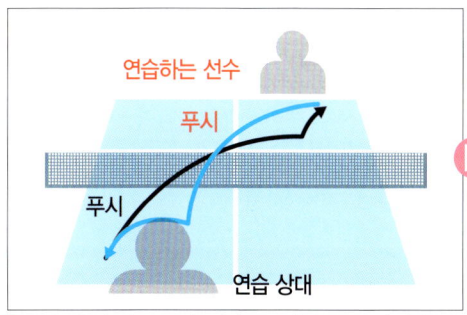
코스는 항상 백크로스다. 먼저 서로 백핸드로 푸시한다.

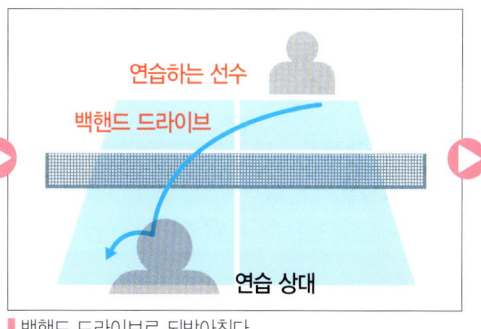
백핸드 드라이브로 되받아친다.

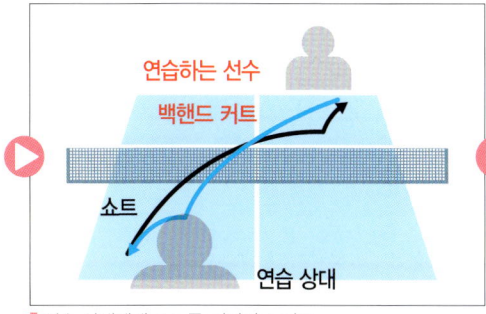
연습 상대에게 쇼트를 쳐달라고 하고 그것을 백핸드 커트로 되받아친다.

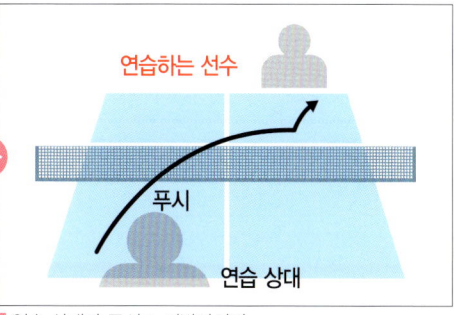
연습 상대가 푸시로 되받아치면 처음으로 돌아간다.

연습법 | 드라이브를 친 다음 공격하기

풋워크를 살려 시합 감각을 익힌다

회심의 일격이라 생각한 포핸드 드라이브(80페이지 참고)로도 반드시 득점을 올릴 수 있는 건 아니다. 지금부터 포핸드 드라이브를 친 다음의 전개를 생각한 연습을 소개한다. 민첩한 풋워크가 요구되는 힘든 연습이지만 실전에 가까워 경기 감각을 익히기에 아주 좋다.

연습① 깊이 들어간 후의 전개① 상급 ★★★

깊이 들어간 후의 시합 전개로, 최종적으로 스트레이트 포핸드 드라이브로 이어진다. 이처럼 깊이 들어간 크로스 후의 전개로는 상대방이 쇼트를 뛰어들기(세 번째 단계)로 처리한 공을 포어크로스로 되받아치고, 다시 자신의 포어사이드로 온 공을 마지막에 스매시로 연결하는 연습을 추천한다.

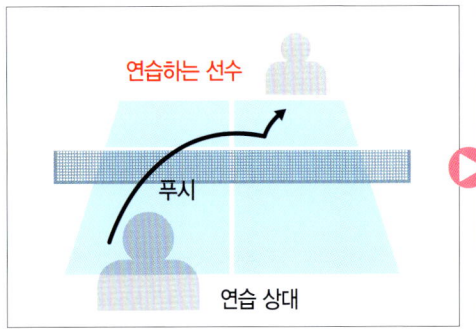

연습 상대에게 푸시로
백크로스로 공을 쳐달라고 한다.

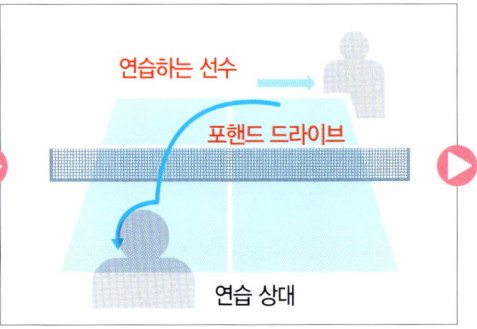

깊이 파고들어 포핸드 드라이브로
포어크로스로 공을 보낸다.

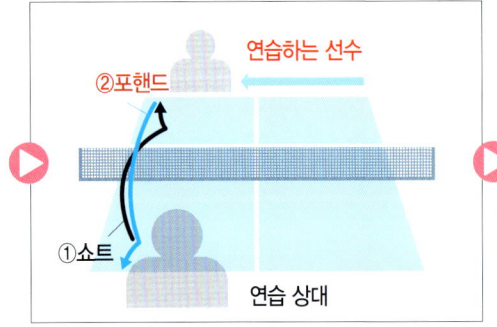

연습 상대의 공은 포어사이드로 들어온 쇼트.
이를 뛰어들기로 스트레이트로 되받아친다.

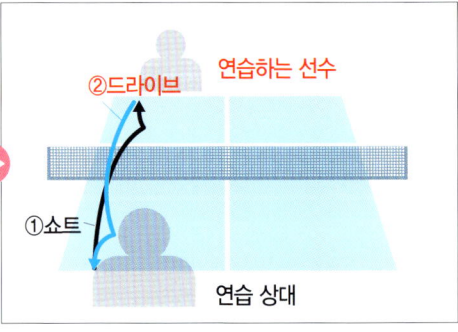

연습 상대의 공은 다시 포어사이드로 들어온 쇼트.
이를 드라이브로 스트레이트 코스로 되받아친다.

연습② 깊이 들어간 후의 전개② 　　　　상급 ★★★

깊이 파고들어 스트레이트 코스로 포핸드 드라이브를 쳐 그 후의 전개를 연습한다. 익숙해질 때까지 시간을 들여 제대로 연습한다.

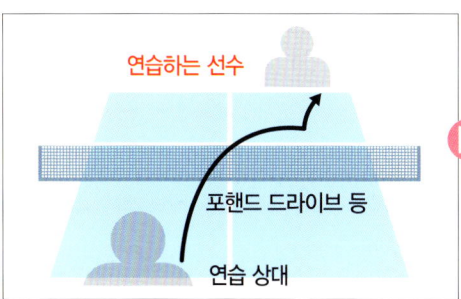

연습 상대에게 백크로스로
공을 쳐달라고 한다.

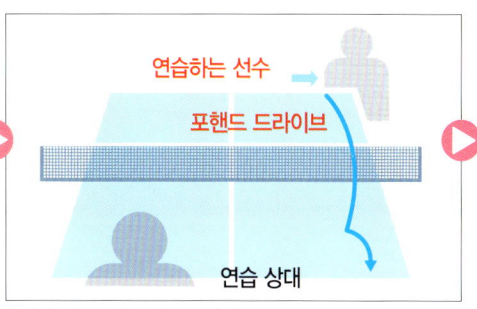

깊이 파고들어 포핸드 드라이브로
스트레이트 코스로 되받아친다.

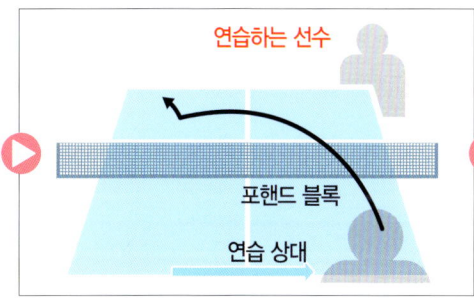

연습 상대에게 포핸드 블록으로
포어크로스로 공을 쳐달라고 한다.

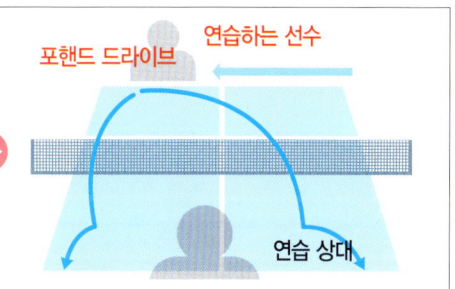

뛰어들어 포핸드 스트레이트로 되받아치거나
포핸드 드라이브로 백크로스로 되받아친다.

POINT TIP!

드라이브 연습의 포인트

앞에서는 깊이 파고든 다음의 전개만 소개했지만 뛰어든 다음의 전개도 연습하는 것이 좋다.

처음 드라이브를 연습할 때는 푸시나 쇼트처럼 위력과 속도가 떨어지는 공을 쳐 감각을 익히도록 한다. 그리고 이를 잘 구사할 수 있게 되면 드라이브를 드라이브로 되받아치는 연습을 추가하자. 이번 장에 소개한 각 연습에서 상대방에게 받는 공을 모두 드라이브로 바꾸면 난이도가 훨씬 높아진다.

드라이브를 드라이브로 되받아치는 연습은
난이도가 높다.

전략 | 시합에 이기기 위한 비법

기술 + α(알파)로 승리를 거머쥔다

시합에서 반드시 이길 방법이 있다면 좋겠지만 다른 스포츠와 마찬가지로 탁구에도 그런 방법은 없다. 승리를 위한 가장 빠른 지름길은 꾸준히 연습하는 것이다. 그러나 기술이 뛰어난 건 아니지만 시합에 강한 선수가 있다. 이런 선수는 상대방의 약점을 빨리 간파하는 능력이 뛰어나거나 득점력이 높은 기술을 잘 구사하는 등 시합을 유리하게 이끌어 가는 힘을 갖고 있다.

지금부터 소개할 것은 '시합에 이기기 위한 비법'이다. 비법이라고는 하지만 시합을 결정하는 요인은 각 선수의 레벨과 흐름에 따라 다르므로 자신만의 승리 비법을 찾아보자.

서비스 능력을 강화한다

서비스에 따라 시합의 승패가 크게 좌우된다. 두 번의 서비스 중 하나는 서비스 에이스를 노린다는 마음으로 하자. 서비스로 득점을 하게 되면 승리에 한발 가까워진다. 따라서 '상대방이 리시브할 수 없는 서비스'를 두세 가지 정해서 철저히 연습한다. 물론 상대방이 리시브를 했다면 3구째 공격을 시도하자.

비장의 서비스를 남겨둔다

실력이 비슷한 선수끼리 시합할 때는 다음 득점을 상당히 중요하게 여긴다. 이번에 득점을 하면 시합의 흐름이 자신 쪽으로 넘어오는 때, 예를 들어 제5세트의 10대9 상황이 이에 해당할 것이다. 이와 같은 상황에서 서비스권을 가졌을 때 어떤 서비스를 하는 것이 좋을까?

많은 선수가 실수를 두려워해 서비스를 신중하게 할 것이다. 그러나 필요 이상으로 신중해지지는 말자. 실수나 상대편의 리시브 에이스를 두려워하면 상대방 진영에 공을 정확히 보낼 수 있는 높고 작은 커트 서비스를 하게 되는데, 이런 심리는 상대방에게 전부 읽히게 마련이다. 반대로 과감하게 강한 서비스를 보내면 서비스 에이스가 될 수 있다.

이처럼 긴장감 넘치는 상황에서 상대방의 포어사이드로 사이드스핀 서비스를 하자. 보통 때라면 서비스 에이스를 노릴 수 있을 만큼 강한 서비스는 아니지만, 상대방도 긴장한 탓에 손목이 유연하지 못해 공을 제대로 컨트롤할 수 없게 된다.

이는 한 가지 예지만 이런 순간을 위한 비장의 서비스를 하나 남겨두는 것이 시합에서 이길 비장의 카드가 되기도 한다.

긴장되는 상황에서는 상대방의 포어사이드로 사이드스핀 서비스를 하면 좋다.

상대방의 패턴을 파악한다

대부분의 선수에게는 플레이 패턴이 있어 상대방의 패턴을 빨리 파악할 수 있다면 시합을 유리하게 이끌어 갈 수 있다. 이를 1세트 때 알아낼 수 있다면 그 세트를 뺏겨도 나중에 역전할 가능성이 얼마든지 있다. 반대로 자신의 패턴을 상대방에게 읽히면 기술적으로 더 뛰어나다고 해도 질 수 있다.

'적을 알고 나를 알면 백전백승'이란 말처럼 상대방의 행동 패턴을 파악하는 것이 시합을 풀어나가는 중요한 열쇠가 된다.

상대방의 약점을 파악한다

상대방의 패턴에다 약점까지 파악할 수 있다면 금상첨화다. 그럼 어떻게 약점을 파악할 수 있을까?

그 방법 중 하나가 '내 공에 상대방이 어떻게 대처하는가?'를 유심히 관찰하는 것이다. 예를 들어 푸시로 상대방의 백사이드를 집중적으로 공략하거나 포어사이드를 쇼트(62페이지 참고)로 계속해서 공격한 다음 상대방이 어떻게 대처하는지 관찰한다. 그러면 약점이 눈에 들어온다. 1세트에서는 득점보다 2세트 이후부터 이용할 수 있는 상대방의 약점을 파악하는 데 집중하자.

그러나 상대방의 행동패턴과 약점을 알 수 없을 때는 자신보다 한수 위의 선수라는 것을 인정하고 바로 공격으로 전환하자. 실력이 자신보다 월등한 상대방에게 수비적인 플레이는 별 효과가 없다.

푸시로 상대방의 백사이드로 공을 집중적으로 보내면 약점을 발견할 수 있다.

실수를 줄인다

탁구는 섬세한 스포츠다. 과감한 플레이가 승패를 좌우하기는 하지만 매번 스매시(88페이지 참고)나 드라이브(80페이지 참고)와 같이 강한 기술로 공격할 필요는 없다. 기술을 하나씩 익혀 안정되게 공을 되받아치는 것, 그리고 실수를 줄이는 것 또한 실력을 향상시키는 데 도움이 된다.

이를 위한 방법으로는 '득점을 위한 서비스 한 가지', '블록 강화'등이 있다. 그리고 서비스나 리시브부터 시합에서 자주 일어나는 패턴을 집중적으로 연습하는 것도 좋은 방법이다.

실수를 줄이기 위한 방법

①득점력 있는 서비스를 한 가지 익힌다
탁구는 원래 서비스권을 가진 사람이 유리한 스포츠로 자신에게 서비스권이 있을 때 득점할 수 있다면 우위를 점할 수 있다. 이기고 있다면 여유를 가지고 공을 칠 수 있어 결과적으로 실수가 줄어든다.

②포핸드든 백핸드든 안정적으로 공을 쳐야 한다
실수를 줄이려면 먼저 위력보다 정확성을 추구해야 한다.

③블록을 강화한다
포핸드든 백핸드든 정확히 블록(100페이지 참고)하는 것이 이상적이다. 이런 기술이 향상될수록 상대방의 실수로 득점할 수 있다.

득점력과 안정감의 균형을 생각한다

시합에서 이기려면 공의 위력과 안정감의 균형을 고려한 전략이 필요하다. 예를 들어 스매시는 득점력이 높은 기술로 어느 정도 실수를 감안할 수 있다. 반대로 원래 안정적인 높은 드라이브에서 실수를 하면 당연히 그 시합에서는 이길 수 없다. 이렇듯 각 스윙법이 가진 득점력과 안정성의 균형을 생각해 언제 적극적으로 구사할 것인지 정확히 판단하는 것이 중요하다.

실수했을 때 가장 뼈아픈 스윙이 바로 서비스다. 서비스는 상대방의 기량에 좌우되지 않는 100% 자신이 컨트롤할 수 있는 기술이기 때문이다. 서비스를 반복해서 연습하면 실수를 확실히 줄일 수 있다.

그리고 최소한 두 종류의 서비스를 철저히 연습하면 시합에서 충분히 이길 수 있다. 반대로 여러 종류의 서비스를 할 수 있어도 서비스할 때 실수하면 시합에서 이길 수 없다.

가능한 한 서비스에서는 실수하지 말자.

절체절명의 순간에도 이동한다

시합 중에는 수세에 몰려 어쩔 수 없이 상대방에게 득점 기회를 내주고 마는 때가 반드시 있다. 이런 절체절명의 위기를 맞았을 때는 어떻게 하면 좋을까?

어떤 위기의 순간이라도 상대방이 실수할 가능성은 있다. 실수를 유도하기 위해 상대방이 노리던 코스를 바꾸도록 움직이는 것도 하나의 방법이다. 상대방이 노릴 만한 코스를 예측해 그 방향으로 과감하게 이동한다. 상대방은 그 움직임을 보고 빈 코스로 공을 칠지 모른다. 이처럼 상대방이 코스를 바꾸면 실수할 가능성이 크며 예측한 코스로 공이 오면 카운터 공격을 펼칠 수 있다. 어떤 순간에도 마지막까지 포기하지 말자.

위기의 순간에는 무조건 이동한다.

패턴을 바꿔 상대방의 허를 찌른다

아무리 잘하는 패턴이라도 여러 번 반복하면 상대방이 익숙해져 버린다. 실전에서는 상대방이 예상했을 코스와는 반대 방향으로 공을 치거나 상대방이 없는 빈 곳으로 공을 치는 것이 중요하다. 접전에서는 이런 생각을 하느냐 안 하느냐에 따라 승패를 좌우한다고 해도 과언이 아니다.

연습할 때 '백사이드를 향해 칠 자세를 취했다가 갑자기 포어사이드로 공격한다'라고 의식적으로 생각하면 시합에서도 이렇게 공격할 수 있다. 한 가지 예로 쇼트(62페이지 참고)로도 라켓의 방향을 순간적으로 바꾸면 공격적으로 바뀐다. 여러 가지 상황을 생각하며 연습하자.

상대방의 허를 찌른다는 생각으로 공격한다.

팀 전체가 연습한다

단체전은 한 사람만 활약해서는 이길 수 없다. 단체전에서 이기려면 이 책에서 소개한 '시합에 이기기 위한 기술'을 팀 전원이 연습을 통해 익혀야 한다.

마땅한 연습 메뉴가 없다면 기본적인 기술을 익히면서 서비스, 리시브, 3구째 공격을 철저하게 연습하는 것이 좋다. 그리고 몇 가지 연습 패턴을 정해 그것을 반복 연습하면 실전에서 충분히 활용할 수 있다.

지도자는 팀 구성원 전원에게 패턴 연습의 중요성을 알려야 한다. 또한 집중해서 연습하지 않으면 효과가 없다. 항상 집중해서 연습하도록 하자.

단체전에서 이기려면 팀 전체가 연습에 열중해야 한다.

시합 전날에는 서비스와 리시브를 연습한다

시합 전날에는 서비스와 리시브를 철저히 연습하는 것이 좋다. 시합은 반드시 서비스로 시작해 리시브로 이어지기 때문이다.

사실 하루 만에 새 기술을 습득하는 것은 불가능하다. 그러니 복습한다는 차원에서 반드시 필요한 기술인 서비스와 리시브를 확인해 두는 것이 좋다. 서비스와 리시브를 제대로 하지 못하면 그동안 힘들게 익힌 기술을 보이기도 전에 시합이 끝날 수도 있다.

시합 전날에는 서비스와 리시브 연습에 집중한다.

롱핌플 러버에 이기려면 익숙해져야 한다

롱핌플 러버로 친 공은 회전하는 방향이 바뀌지 않고 같은 회전 방향으로 되돌아온다. 예를 들어, 언더스핀 공을 치면 언더스핀 공이 아니라 톱스핀 너클 공이 되돌아온다. 반대로 톱스핀 공은 언더스핀 공으로 되돌아온다.

기본적인 기술을 확실히 익히고 이런 사실을 알고 있다면, 큰 문제없이 대응할 수 있지만 최근에는 이 러버를 사용하는 선수가 줄어 대전할 기회가 적어서인지 롱핌플 러버를 사용하는 선수와 시합하면 꼭 지는 선수가 많다.

롱핌플 러버를 사용하는 선수와 시합하면 고전하는 이유는 '눈에 보이기에는 커트(70페이지 참고) 같은데 톱스핀 공이 날아온다'는 말처럼 공의 회전을 읽기 어렵기 때문이다. 다르게 말하면 롱핌플 러버를 구사하는 선수에게 이기지 못하는 선수는, 상대 선수의 폼에 속기 쉽다고 할 수 있다. 그러나 롱핌플 러버를 사용하는 선수에게 이기는 비결은 무척 간단하다. 익숙해지는 것이다.

경험이 풍부한 선수는 롱핌플 러버를 구사하는 선수와의 대전을 어려워하지 않는다. 오히려 롱핌플 러버로 친 공은 평면 러버로 친 공과 비교해 속도가 느려 대응할 시간이 많다. 따라서 잘 보고 치면 다른 러버로 구사한 커트나 드라이브와 마찬가지로 공의 회전에 맞춰 되받아칠 수 있다.

롱핌플 러버는 상대방 공의 회전을 그대로 반영한다.

4구째 공격도 신경 쓴다

3구째 공격(162페이지 참고)은 매우 중요하다. 하지만 시합에서 우위를 점하려면 4구째 공격에도 제대로 대응해야 한다.

4구째 공격의 포인트는 자신의 다음 공격에 대비해 얼마나 잘 리시브하는가이다. 예를 들어, 스톱(149페이지 참고)으로 좋은 코스로 짧게 되받아치면 상대는 대부분 어쩔 수 없이 커트(70페이지 참고)로 되받아친다. 이를 포핸드 드라이브와 같은 강한 기술로 4구째 공격을 하면 득점할 확률이 높아진다. 또한 상대방의 서비스가 약하면 강하게 리시브해 상대방이 블록(100페이지 참고)을 하게 만든다. 그것을 4구째 공격으로 득점하는 패턴도 있다.

특히 상대 선수가 서비스 에이스를 노릴 수 있을 만큼 좋은 서비스를 구사할 수 없다면 4구째 공격으로 이어지는 리시브에 신경 쓰자.

Table Tennis Column

하체를 중시하면서 균형 잡힌 근력을 기른다

순발력과 지구력이 필요하다
다른 스포츠와 마찬가지로 탁구도 기술적 수준이 올라갈수록 그에 맞는 근력이 필요하다. 탁구에 웬 근력운동이냐며 놀랄지 모르지만 실제로 일류 선수는 연습 중에 근력운동을 실행하고 있다.

그럼 탁구에 도움이 되는 근력운동에는 어떤 것이 있을까? 여러 가지 운동이 있지만 여기에서는 기본적인 것만 소개하겠다.

먼저 탁구에는 0.1초에 공에 반응할 수 있는 순발력과 길게는 한 시간 이상 진행되는 경기에서 이기기 위한 지구력이 동시에 필요하다. 근육에는 순발력과 관계된 백근(척추동물의 골격근 중 생리학적 수축 속도가 빠른 것)과 지구력과 관계된 적근(적색을 나타내며 지속적으로 천천히 운동하는 근육)이 있는데, 탁구를 잘 치려면 두 근육을 모두 균형 있게 단련해야 한다.

근력운동이라고 하면 상체만 단련한다고 생각하기 쉬운데 탁구에서 중요한 것은 사실 하체 근력이다. 민첩하면서도 오랜 시간 풋워크를 하는 데에도, 위력적인 공을 치는 데에도 하체 근력이 필요하다. 반대로 상체 근력이 너무 강하면 스매시의 위력은 커질지 모르지만 다른 기술을 구사하는 데는 오히려 방해가 된다.

중요한 것은 심층근(신체의 안쪽에 위치해 자세의 유지나 안정시키는 역할을 담당)
구체적인 운동으로는 뛰기와 팔굽혀펴기가 있으며, 이에 더해 덤벨과 근력운동 기구를 사용한 운동을 병행하면 좋다. 탁구에는 힘뿐만 아니라 다양한 공의 변화에 대응할 수 있는 유연성이 필요하므로 운동기구를 사용해 한 부분을 집중적으로 단련시키기보다는 여러 가지 운동을 통해 전체적인 근력을 키워야 한다.

최근 스포츠계에서는 짐볼 등을 사용해 심층근을 단련하는 운동에 주목하고 있다. 지금까지의 근력운동법은 몸 표면의 삼각근(어깨 주변의 근육)과 대퇴근(허벅지 부근의 근육)을 주로 단련했지만 이런 근육만 단련시키면 관절에 무리가 가해져 몸이 병드는 원인이 된다는 사실이 밝혀졌다. 따라서 대요근(등뼈와 양 다리의 윗부분을 잇는 근육)과 같은 심층근을 단련시켜 몸에 무리가 가지 않도록 균형을 유지한다는 개념이 등장하게 된 것이다.

순발력과 지구력이라는 상반되는 요소를 단련해야 하는 탁구선수에게 있어 심층근의 단련은 근력운동에서 상당히 중요한 부분을 차지한다.

CHAPTER 06
주요 규칙
RULES

시합을 하면서 규칙을 지키는 것은 스포츠의 기본으로 탁구도 예외는 아니다. 시합 매너와 함께 반드시 지키도록 하자.

기초지식

주요 규칙

스포츠에서 규칙을 지키는 것은 기본 중에 기본이다. 물론 탁구에도 여러 가지 규칙이 있다. 지금부터 주요 규정을 알아보자.

경기용 복장

공인된 복장을 입는다

경기용 복장은 일반적으로 반소매 티셔츠나 민소매 셔츠, 반바지, 스커트 또는 상하 일체의 스포츠용 복장, 양말, 그리고 경기용 신발로 규정되어 있다(심판의 허가가 있을 때는 다른 복장을 할 수 있다.). 셔츠와 반바지, 그리고 스커트는 모두 탁구협회가 공인한 것이어야 한다(양말과 신발은 공인된 것이 아니어도 무방하다.).

또한 공의 색과 관계없이 자유롭게 복장의 색을 고를 수 있으며 이외에도 인너, 손목밴드, 머리밴드, 레깅스를 착용할 수 있다. 단, 너무 눈에 띄는 마크나 장식을 복장에 붙여서는 안 되며, 색상이 너무 밝아 빛을 반사해 상대방이 공을 보는 데 방해가 될 수 있는 액세서리는 금지되어 있다.

등번호는 등 정중앙에 붙인다

탁구 대회에서는 경기자를 쉽게 식별하기 위해 주최단체에서 준비한 등번호를 경기용 셔츠 중앙에 붙인다. 주최 측에서 등번호를 준비하지 않은 경우에는 협회가 지정한 등번호를 사용한다.

단체전에 출전하는 팀의 모든 선수 또는 같은 등록단체(같은 팀)의 선수가 복식팀을 이룰 경우 신발과 양말을 빼고는 같은 복장으로 경기에 임해야 한다.

반소매 셔츠에 반바지를 착용하는 것이 일반적이다.

라켓

한쪽 면은 빨강, 반대쪽 면은 검정

라켓의 크기, 모양, 무게는 임의로 선택할 수 있지만, 라켓 본체는 평평하고 단단해야 한다. 그리고 러버는 한 면은 빨강, 다른 면은 검정으로 정해져 있다. 시판되는 라켓에 시판되는 러버를 붙여 사용하면 규정에 어긋날 일이 없지만, 러버의 두께와 접착면의 소재에도 규정이 있어 자신이 직접 만든 라켓을 사용하고 싶은 사람은 미리 이를 확인하는 것이 좋다.

시합 진행법(단식)

서비스 순서와 진영을 선택한다

한 시합은 3게임, 5게임, 7게임과 같이 복수의 게임으로 구성된다. 한 게임에서 11점을 먼저 득점해야 하며 양측의 득점이 10점으로 같을 때는 2점 차가 날 때까지 시합을 계속한다. 게임 수는 대회에 따라 다르며 어떤 시합이든 과반수의 게임을 먼저 차지한 선수 또는 팀이 승리한다.

시합은 인사를 한 후 라켓을 서로 교환해 확인하는 것으로 시작된다. 그리고 '처음에 서비스할 선수'와 '어느 쪽 진영에서 플레이할지(코트 선택)'를 선택할 권리를 추첨이나 동전던지기 등으로 정한 다음 그 승자가 서비스 순서와 진영을 정한다.

득점이 2점 늘어날 때마다 그때까지 리시브했던 선수나 팀이 서비스권을 갖는다. 단, 양쪽의 점수가 똑같이 10점이 되거나 촉진 규칙이 적용되면 서비스와 리시브의 순서를 바꾸지 않고 1점당 서비스권을 교대로 갖는다.

코트는 게임마다 교환하며 시합의 승패를 결정하는 마지막 게임에서는 누구든 먼저 5점을 득점하면 서로 코트를 교환한다.

단식 경기의 진행법

인사를 나누고
라켓을 확인한다.

가위바위보 등으로
서비스와 코트를 결정한다.

서비스권은 2점마다 교환한다. 1게임당 11점을
먼저 득점해야 승리한다.

게임이 끝나면
코트를 교환한다.

※단, 양쪽 모두 10점이 되면 한 번씩 서비스권을 교환하고 2점차가 날 때까지 시합을 진행한다.

시합 진행법(복식)

복식은 각 선수가 순서대로 친다

복식도 단식과 마찬가지로 인사를 한 다음 서비스와 리시브, 그리고 플레이할 쪽을 선택할 권리를 정한다. 그 후 서비스권을 가진 팀에서 누가 먼저 서비스할 것인지 선택하고 리시브하는 팀은 누가 먼저 리시브를 할 것인지를 결정한다. 서비스를 한 다음 '리시버→서버의 파트너→리시버의 파트너'의 순서로 공을 친다.

복식은 단식과는 달리 서비스를 할 때 공을 포어사이드의 각 코트에 바운드시킨 다음 대각선의 상대편 포어사이드에 바운드시켜야만 한다. 두 번의 서비스가 끝나면 바로 전의 리시버가 서비스를 하고 바로 전 서버의 파트너가 리시버가 된다. 한 게임이 끝나면 바로 전 게임에서 처음으로 서비스한 팀이 리시브를 한다. 어느 게임이든 서비스권을 가진 팀의 누가 처음으로 서비스할 것인지를 정하지만, 리시버는 전 게임에서 이번에 정해진 서버에게 서비스를 한 선수가 된다.

승패를 결정하는 마지막 게임에서는 어느 팀이든 5점을 먼저 득점하면 다음에 리시브하는 팀은 탁구대도 바꿔서 리시버의 순서를 교대해야만 한다.

복식 경기의 진행법

서비스는 포어사이드에서 대각선으로 친다.

각 선수가 순서대로 공을 친다.

두 번의 서비스가 끝나면 바로 전의 리시버가 서비스한다.

다음 게임에서는 바로 전 게임에서 처음에 리시브했던 팀이 서비스하는 쪽이 된다.

휴식과 타임아웃

휴식과 타임아웃

한 시합은 연속적으로 이루어져야 하지만 다음과 같은 경우 휴식을 인정한다.

- 게임과 게임 사이 1분 이내의 휴식
- 각 게임이 시작되고 6점 득점할 때마다 또는 시합의 승패를 결정하는 최종 게임의 코트 교대 시에 수건을 사용할 수 있는 짧은 휴식

타임아웃은 한 게임당 한 번

선수 또는 팀은 개인전의 한 게임에 1분 이내의 타임아웃을 한 번 요구할 수 있다(개인전에서는 선수, 팀, 지명된 조언자가, 단체전에서는 선수, 팀, 감독이 요구할 수 있다.). 타임아웃은 게임 중의 랠리와 랠리 사이에만 가능하며 이때는 손으로 영문자 T를 만들어 표시한다. 중단된 경기는 타임아웃을 요구한 선수 또는 팀이 경기를 다시 시작하고 싶다는 뜻을 전했을 때 또는 1분이 경과했을 때(둘 중 빠른 쪽) 재개된다. 단, 타임아웃을 요청한 선수가 먼저 탁구대에 들어서면 상대방은 1분이 되지 않아도 탁구대에 복귀해야 한다.

단체전의 모든 경기도 연속적으로 이루어져야 하지만 선수가 연속해서 경기를 할 경우에만 게임과 게임 사이에 5분까지 휴식을 취할 수 있다.

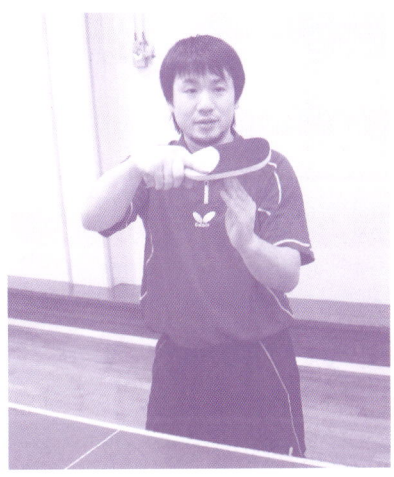

■ 타임아웃은 손으로 T자를 만들어 요구한다.

경기 중단

힘들다고 해서 경기를 중단할 수는 없다

선수가 사고에 의해 일시적으로 경기에 임할 수 없을 때에는 어떤 경우에도 10분을 넘지 않는 범위에서 심판장의 판단에 따라 경기가 중단된다(경기를 중단하는 것이 상대방 선수 또는 팀에 불리하게 작용하지 않는 경우에만 해당된다.). 단, 시합이 시작되기 전부터 있던 장애와 예측된 장애(시합 전부터 몸 상태가 좋지 않은 경우 등), 그리고 선수의 스트레스에 의한 경기 중단은 인정되지 않는다.

선수는 심판장이 허가한 경우를 제외하고는 경기가 끝날 때까지 경기 영역 내 또는 부근에 머물러야 하며, 게임 사이의 휴식시간 및 타임아웃 중에는 주심의 감독 하에 경기 영역 3m 이내에서만 이동할 수 있다.

서비스, 리시브, 코트의 순서 실수

실수를 했어도 득점은 유효

선수가 실수로 규정 순서에 어긋나는 순서로 서비스 또는 리시브를 한 경우 실수를 알게 된 즉시 경기가 중단된다. 이 경우 실수가 발견되기 전의 득점은 모두 유효하며 경기 시작 시에 정했던 순서에 따라 다시 경기를 시작한다.

도구

휴식 때는 탁구공을 탁구대 위에 올려놓는다

선수는 경기를 하는 동안 라켓을 교환할 수 없지만 사용할 수 없다고 판단된 경우에는 경기 영역 내에 자신이 가져온 다른 라켓 또는 경기 영역 내에서 받은 것과 교환해서 사용할 수 있다. 또한 주심의 허가가 없는 한 선수는 휴식시간이나 타임아웃 또는 중단되었을 때 자신의 라켓을 탁구대 위에 올려놓아야 한다.

조언

조언

단체전에서 선수는 벤치에 앉아 있는 코치나 선수들 누구에게나 조언을 받을 수 있다. 그러나 개인전에서는 선수 또는 팀은 각 경기가 시작되기 전에 등록된 단 한 사람의 조언만을 들을 수 있다. 조언을 받을 수 있는 시간은 게임과 게임 사이의 휴식시간 혹은 인정을 받아 경기가 중단된 때에만 가능하다.

촉진 규정

시합이 너무 길어진 경우 촉진 규정을 적용한다

양측 선수 또는 팀의 득점이 모두 9점 이상인 경우와 경기 시작 후 10분이 경과해도 끝나지 않는 경우에는 촉진 규정을 적용한다(이 이전에도 양측 선수 또는 팀에서 요구가 있을 경우 적용한다.).

제한시간에 달했을 때 공이 플레이 중인 경우 주심은 그 랠리를 중단시키고 중단된 랠리에서 서비스 한 선수의 서비스로 시합을 재개한다. 한편 제한시간이 다하면 공이 플레이 중이어도 바로 전 랠리에서 리시브 했던 선수의 서비스로 플레이를 시작한다.

촉진 규정이 적용되면 게임이 끝날 때까지 1득점마다 서비스권을 교환한다. 또한 리시브하는 쪽이 13회 리턴을 했다면 리시브한 쪽에 1점이 주어진다.

덧붙여 한 번 촉진 규정이 적용된 경우에는 남은 경기에도 모두 촉진 규정을 적용한다.

나쁜 매너

나쁜 매너는 상대방에게 점수를 부여한다

선수, 감독, 코치 또는 조언자는 '상대방 선수에게 부당한 영향을 미치는 경우', '관객에게 불쾌감을 주는 경우', '게임의 평판을 떨어뜨리는 경우'와 같은 버릇과 태도를 자제해야 한다. '크게 소리치는 경우', '욕설이나 비방을 하는 경우', '고의로 공을 망가뜨리는 경우', '경기 영역 밖으로 공을 치는 경우', '탁구대와 펜스를 발로 차는 경우', '경기 진행자의 지시를 무시하는 경우' 등이 이에 포함된다.

어떤 경우에도 선수, 감독, 코치 또는 조언자는 중대한 규정 위반을 지키지 않은 경우에 주심은 경기를 중단시키고 바로 심판장에게 보고한다. 이외에도 위반에 대해 처음에는 옐로우 카드를 제시하고 또다시 위반했을 경우에는 페널티를 주겠다는 경고를 한다.

심판장에게 보고된 위반 행동을 제외하고 한 번 경고를 받은 선수가 그 후 같은 개인전 또는 단체전에서도 같은 위반 행위를 저질렀을 경우에는 페널티로 상대방 측에 1점이 주어지는데, 한 번 더 위반하면 2점이 주어진다.

나쁜 매너의 예

시합 중에 상대방을 위협하는 큰 소리를 낸다.

공을 일부러 망가뜨린다.

일부러 경기 영역 밖으로 힘줘서 친다.

탁구대나 펜스를 발로 찬다.

시합이 속행되는 경우

자신의 판단으로 시합을 멈출 수는 없다

시합에서는 여러 가지 상황이 벌어진다. 다음은 시합이 그대로 속행되는 경우이다. 자신의 판단으로 상대방의 실수라 판단해서 시합을 멈추는 일이 없도록 주의한다.

시합이 속행되는 상황

공이 네트를 치고 상대방 코트에 들어간 경우

서비스할 때 이외에 공이 네트를 맞고 상대방의 진영에 들어간 경우 그대로 시합을 속행한다.

공이 손에 맞고 상대방 코트에 들어간 경우

라켓을 쥔 손의 손과 손가락에 공이 맞았어도 위반이 되지 않는다.

공이 상대방 코트의 끝에 닿은 경우

되받아친 공이 상대방 코트 가장자리에 닿으면 게임은 그대로 진행된다. 단, 사이드는 상대방에게 점수를 내줘야 한다.

공을 친 다음 몸이 상대방 코트로 들어간 경우

네트 쪽의 공을 칠 때 몸이 상대방 코트 쪽으로 들어갔어도 규정 위반이 아니다.

공이 지주대 바깥쪽을 넘어 상대방 코트로 들어간 경우

지주대 바깥쪽을 넘어 상대방 진영에 들어가도 규정 위반이 아니다.

상대방의 득점이 인정되는 경우

라켓이 네트에 닿으면 상대방에게 득점이 주어진다

공을 칠 때 라켓과 몸이 네트에 닿으면 상대방이 공을 되받아칠 수 없어도 자신의 잘못이 된다. 이외에도 상대방 진영에 제대로 공을 넣고도 잘못이라 판단되는 경우가 있으니 주의하자.

상대방의 득점이 되는 경우

라켓이 네트에 닿은 경우

라켓과 몸이 네트에 닿았다면 상대방에게 점수가 주어진다.

라켓을 던져 공을 친 경우

손에서 떨어진 라켓에 공이 맞으면 그 공이 상대방 진영에 들어갔다 해도 자신의 잘못이 된다.

바운드되기 전에 친 경우

공이 자신의 코트에서 바운드하기 전에 치면 안 된다.

천장에 닿고 상대방 코트에 들어간 경우

자신이 친 공이 천장이나 주변의 장애물에 닿아 들어가도 상대방에게 득점이 주어진다.

※단, 바운드되지 않은 상대방의 공이 자신의 코트 이외의 구역에서 직접 라켓에 닿았다면 상대방의 득점이 되지 않는다.

탁구 용어 TABLE TENNIS WORD

게임(Game) 한 시합을 구성하는 기본 단위. 세트라는 말도 사용하지만, 게임이 규정에 나오는 정확한 표현이다.

게임 올(Game All) 최종 게임까지 승부가 나지 않은 상태. 양쪽의 게임 수가 5게임 매치면 2대2, 7게임 매치면 3대3인 상태를 말한다.

그립(Grip) 라켓을 잡는 부분 또는 잡는 방법

기본자세 공을 가졌을 때의 자세

낙하점 코트 위의 공이 떨어지는 위치

너클(Knuckle) 무회전

네트(Net) 탁구대 중앙에 걸린 망

네트 미스(Net Miss) 네트에 닿아 상대방의 코트에 공이 들어가지 못하고 실점하는 것

네트 플레이(Net Play) 네트 가까이에서 플레이하는 것

네트인(Net In) 공이 네트와 지지대에 닿은 후 상대방 코트에 들어가는 것. 서비스는 무효가 되지만, 다른 때는 유효하다.

노터치(No Touch) 라켓에 공이 맞지 않은 것

단식 1대1 경기

돌출 러버(Pimple Out Rubber) 러버의 일종. 스펀지 위에 고무가 돌출된 면을 위로해 붙인 것. 공의 속도는 빨라지지만 회전이 걸리지 않는다. 핌플아웃 러버와 같은 말이다.

듀스(Deuce) 11점제에서 10대10 상황을 말함. 이후 2점을 얻어야 승패가 결정된다. 정식 명칭은 아니다.

드라이브(Drive) 강한 톱스핀을 건 스윙법

드라이브 주전술 전술의 하나. 전진과 중진에서 돌출러버를 사용해 강한 톱스핀의 드라이브를 중심으로 플레이한다.

라이징 드라이브(Rising Drive) 톱스핀이 걸린 공을 전진에서 바운드 직후 받아치는 드라이브

라지볼(Large Ball) 공의 크기가 44㎜의 공. 라지볼 탁구에 사용된다.

랠리(Rally)　서비스부터 득점이 날 때까지 양측 선수가 타구를 주고 받는 것

러버(Rubber)　고무 시트와 스펀지를 붙인 것으로 라켓에 붙인다(1겹 러버는 시트만). 러버를 붙인 면으로 공을 친다.

러브 올(Love All)　시합이 시작된 것을 알리는 소리

렛(Let)　플레이가 결과적으로 득점이 되지 않았을 때를 말한다.

로브(Lob)　공을 높이 쳐 상대방 진영 코트로 되받아치는 것

롱(Long)　라켓에 각도를 만들어 톱스핀을 거는 스윙법

롱핌플 러버(Long Pimple Rubber)　돌출부분이 높은 러버

루프 드라이브(Loop Drive)　높이 포물선을 그리는 드라이버로 속도보다 회전량을 중시한다.

리시버(Reciever)　리시브하는 선수

리시브(Receive)　랠리의 2구째. 서비스를 되받아치는 것

리턴(Return)　상대방 코트로 공을 되받아치는 것

매치(Match)　시합을 말한다. 한 시합은 보통 5게임에서 7게임으로 구성된다.

미들(Middle)　센터라인 부근이나 몸의 가까운 곳을 말한다. 포어에 가까운 미들을 포어미들, 백에 가까운 미들을 백미들이라고 부른다.

미트 스윙(Meet Swing)　회전이 걸린 공을 스매시처럼 강하게 튕겨 되받아치는 스윙법

발리(Vally)　상대방의 공을 자신의 코트 위에서 바운드되기 전에 치는 것

배드 매너(Bad Manner)　매너를 위반해 심판에게 받는 경고

백사이드(Back Side)　대략 센터라인을 경계로 한 왼쪽

백스윙(Back Swing)　공을 치기 전에 뒤로 휘두르는 동작

백스핀(Back Spin)　언더스핀

백핸드(Back Hand)　라켓을 가진 손등 쪽. 줄여서 백이라고 부른다. 백핸드 스윙을 말할 때도 있다.

백핸드 스윙(Backhand Swing)　자신이 사용하는 쪽과는 반대로 날아오는(왼손잡이는 왼쪽) 공을 치는 스윙

벤치코치(Bench Coach)　벤치에 있으면서 선수에게 조언을 하는 사람. 시합 중 휴식시간에만 조언을 할 수 있다.

보디 하이드 서비스(Body Hide Service)　공을 몸이나 옷으로 가리고 치는 서비스. 현재 규정에는 금지되어 있다.

보디워크(Body Work)　몸을 좌우로 움직이는 것

복식　2대2로 하는 경기

블레이드(Blade)　공을 치는 라켓면. 주로 라켓의 형태를 말할 때 사용한다.

블록(Block)　상대방의 공을 끊거나 탁구대 가까이에서 수비하는 기술

사이드(Side)　탁구대의 측면. 여기에 맞은 공은 아웃이 된다.

사이드라인(Side Line)　네트와 직각 방향인 코트 양쪽의 하얀 선

사이드스핀(Side Spin)　공이 옆으로 회전하는 것. 횡회전이라고 하며 방향에 따라 우횡회전, 좌횡회전으로 나뉜다.

서버(Server)　서비스하는 선수

서브(Serve)　서비스

서비스(Service)　랠리의 1구째. 서비스를 잘하면 그대로 득점이 되거나 그 후 유리하게 랠리를 이어갈 수 있다.

서비스 에이스(Service Ace)　서비스가 리시브되지 않고 그대로 득점이 되는 경우

센터라인(Centerline)　폭 3㎜의 코트를 세로로 가운데에서 나눈 흰선. 단식에서 서버는 이 선을 기준으로 대각선에 서비스를 해야 한다.

셰이크(Shake)　셰이크핸드 그립과 셰이크핸드 라켓의 약칭

셰이크핸드 그립(Shake Hand Grip)　악수하듯 라켓을 잡는 방법

셰이크핸드 라켓(Shake Hand Racket)　셰이크핸드 그립용 라켓. 양면에 러버를 붙인다.

쇼트(Short)　바운드되어 정점에 이르기 전에 공을 치는 것. 탁구대 가까이에서 자세를 취한다.

쇼트 스윙(Short Swing)　상대방의 쇼트를 처리하는 스윙법

슈트 드라이브(Shoot Drive)　상대방의 왼쪽으로 휘는 고급 드라이브

스매시(Smash)　고속으로 치는 강타

스위트 스폿(Sweet Spot)　라켓의 중심 부분. 타격감이 가장 좋다.

스윙(Swing)　라켓을 휘두르는 것. 백스윙과 포어스윙(공을 친 다음 앞으로 휘두름)이 있다.

스탠스(Stance)　양 발의 간격

스톱(Stop)　상대방의 커트와 짧은 언더스핀 서비스, 짧은 푸시, 로브 등의 공을 상대방의 네트 가까이로 되받아치는 스윙법

스트로크(Stroke)　스윙법

스펀지(Sponge) 고무시트와 함께 러버를 구성하는 요소. 판과 시트 사이에 붙어 있다(1겹 러버는 시트만). 일반적으로 두꺼워질수록 공이 잘 튀는(강한 공을 칠 수 있음) 반면, 컨트롤이 어려우며 라켓이 무거워진다.

스핀(Spin) 공의 회전. 종류에는 톱스핀(톱스핀), 사이드스핀(사이드스핀), 언더스핀(백스핀), 무회전(너클) 등이 있으며, 이것들을 조합하면 횡언더스핀과 횡톱스핀이 된다.

시트(Sheet) 스펀지와 함께 러버를 구성하는 요소로 공에 직접 닿는 면

안티스핀 러버(Anti-Spin Rubber) 러버의 일종. 외형은 일반 평면 러버와 같지만 마찰이 적어 회전이 잘 걸리지 않는다.

양손 공격 포어핸드 스트로크와 백핸드 스트로크 양쪽을 구사하는 공격

언더스핀(Under Spin) 라켓으로 공 밑부분을 깎아서 공이 역회전하도록 치는 것

엔드(End) 코트

엔드라인(End Line) 탁구대의 자신 쪽과 상대방 쪽에 네트와 평행이 되게 그려진 흰 선

엣지(Edge) 탁구대 모서리

엣지볼(Edge Ball) 탁구대 모서리에 맞은 공으로 들어갔다고 인정된다.

오버미스(Over Miss) 친 공이 네트와 상대방 코트를 넘어 버려 실점하는 것

올라운드(All Round) 전술의 일종. 여러 가지 기술을 사용해 플레이하는 스타일

이면타법 백사이드에서 온 공을 펜홀더 그립인 채로 라켓을 뒤집지 않고 뒷면으로 치는 것

이질 러버 성질이 다른 러버를 라켓의 양면에 붙인 것

임팩트(Impact) 공이 라켓에 맞는 순간

전술 각 선수가 시합에 임하는 스타일

전진 탁구대로부터 약 1m 이내

전진공수형 전술의 하나. 전진에서 자세를 잡고 빨리 공을 받아치지만, 전진속공형과 달리 공격에만 치우지지 않고 공수의 균형을 맞춘 스타일

전진속공형 전술의 하나. 전진에서 자세를 잡고 빨리 공을 받아 회전을 걸지 않고 빠른 공을 쳐 득점하는 스타일

중진 탁구대로부터 약 1~2m의 거리

지주대 네트를 지지하는 용구

찬스볼(Chance Ball) 승부를 건 공

체인지 서비스(Change Service)　일반적으로 2점 당 서비스를 교환하는 것. 단, 11점 득점제에서 10대10이 된 경우에는 촉진 규정에 따라 1점 당 서비스를 교환한다.

체인지 엔드(Change End)　체인지 코트

체인지 코트(Change Court)　자신의 코트와 상대방의 코트를 교환하는 것. 각 게임이 끝날 때마다 또는 마지막 게임에서 누군가가 6점(11점 득점제일 경우)을 먼저 냈을 때 한다.

쵸퍼(Chopper)　커트형 전술의 선수

치키타(Chiquita)　사이드스핀의 백핸드 플릭

카운터 드라이브(Counter Drive)　라이징 드라이브

카운터(Counter)　상대방이 공격한 공의 강도를 그대로 이용해 되받아치는 것

커버(Cover)　엣지볼

커브 드라이브(Curve Drive)　상대방의 오른쪽으로 휘는 고급 드라이브

커트(Cut)　공에 언더스핀을 거는 스윙법

커트 스윙(Cut Swing)　상대방의 커트를 되받아치는 스윙법

커트맨(Cut Man)　커트를 주로 구사하는 플레이 스타일

커트주전술　중진과 후진에서 커트로 수비해 득점하는 전술

코스(Course)　친 공의 진행방향

코트(Court)　탁구대 표면을 네트로 두 개로 나눈 영역

크로스(Cross)　대각선 방향을 말함

타구점　라켓과 공이 맞는 순간의 위치

토스(Toss)　서브할 때 공을 위로 던지는 것

톱스핀(Top Spin)　공 앞쪽을 강하게 회전시킨 타구

팔로스로(Follow Through)　공을 친 다음 앞으로 라켓을 휘두르는 것

펜(Pen)　펜홀더 라켓, 펜홀더 그립의 약칭

펜홀더 그립(Pen Holder Grip)　펜홀더 라켓을 잡는 방법. 펜을 잡듯 잡는다.

펜홀더 라켓(Pen Holder Racket)　펜을 잡듯 잡는 라켓

평면 러버(Pimple In Rubber)　러버의 일종. 스펀지 위에 고무를 아래로 가게 해 붙인 것. 회전이 잘 걸린다. 핌플인 러버와 같은 말이다.

포어사이드(Fore Side) 센터라인을 기준으로 오른쪽

포인트(Point) 득점

포핸드(Forehand) 라켓을 가진 손등과는 반대쪽 면

포핸드 스윙(Forehand Swing) 라켓을 쥔 팔의 방향에서 전면으로 타구 하는 것

푸시(Push) 강하게 앞으로 밀듯 치는 것

풋워크(Foot Work) 발을 움직여 전후좌우로 움직이는 것

프리핸드(Free Hand) 라켓을 잡지 않은 손

플랫 스윙(Flat Swing) 상대방의 공에 따라 라켓을 위로 향하게 해 구질을 톱스핀으로 바꾸는 스윙법. 주로 언더스핀 공에 활용

플릭(Flick) 네트 부근의 짧고 낮은 공을 손목을 이용하여 가볍게 타구 하는 것

피니시(Finish) 팔로스루가 끝나는 지점

하이텐션 러버(High Tension Rubber) 고무 분자 사이에 스프링 작용을 하는 물질을 넣어 일반 고무와 달리 탄력을 유지할 수 있는 러버

하이토스 서비스(High Toss Service) 토스를 높이 올린 서비스

하프발리(Half Vally) 바운드 직후의 공에 가볍게 톱스핀을 거는 쇼트

핸드 하이드 서비스(Hand Hide Service) 손바닥과 팔로 공을 가려 치는 서비스. 규정 위반이다.

후진 탁구대로부터 약 2m 떨어진 곳

3구째 서버가 봤을 때 3구째를 말함

3구째 공격 자신이 서비스를 한 다음, 상대방의 리시브를 공격하는 것. 현대 탁구에서 중요한 전략으로 꼽히고 있음

5구째 랠리 중 서버가 봤을 때 5구째를 말함

옮긴이 조미량

광운대학교 수학과를 졸업하고 동경외국어전문학교를 수료하였다. 현재 일본에 거주하며 (주)엔터스코리아 출판기획 및 일본어 전문 번역가로 활동 중이다. 옮긴 책으로는 「1년에 500권 마법의 책 읽기」, 「머리 좋은 사람의 15분 습관」, 「어린이 병사」, 「활성뇌 기르기」, 「설득: 심리학에서 답을 구하다(대역)」, 「자기발견 심리학(대역)」, 「누구와도 15분 이상 대화가 끊기지 않는 66가지 POINT(대역)」, 「경제학 명저30(대역)」, 「니체입문(대역)」, 「니체의 길을 여는 말(대역)」 등이 있다.

탁구 마스터 가이드

초판 1쇄 발행 2011년 4월 30일
초판 12쇄 발행 2025년 4월 1일

지은이 오에 마사토
옮긴이 김미량
감수자 유남규
펴낸이 김영조
편집 김시연, 조연곤 | **디자인** 정지연 | **마케팅** 김민수, 조애리, 강지현 | **제작** 김경묵 | **경영지원** 정은진
외주디자인 본문 김영심 | 표지 ALL design group
펴낸곳 싸이프레스 | **주소** 서울시 마포구 양화로 7 길 44, 3 층
전화 (02)335-0385 | **팩스** (02)335-0397
이메일 cypressbook1@naver.com | **홈페이지** www.cypressbook.co.kr
블로그 blog.naver.com/cypressbook1 | **포스트** post.naver.com/cypressbook1
인스타그램 싸이프레스 @cypress_book | 싸이클 @cycle_book
출판등록 2009 년 11 월 3 일 제 2010-000105 호

ISBN 978-89-963757-7-7 13690

- 이 책은 저작권법에 따라 보호를 받는 저작물이므로 무단 전재 및 무단 복제를 금합니다.
- 책값은 뒤표지에 있습니다.
- 파본은 구입하신 곳에서 교환해 드립니다.
- 싸이프레스는 여러분의 소중한 원고를 기다립니다.